W9-BXL-120

WITHDRAWAL

Build It!

Make Supercool Models with Your LEGO® Classic Set

THINGS THAT FLY

Jennifer Kemmeter

J. LEWIS CROZER LIBRARY
CHESTER, PA 19013

GRAPHIC ARTS BOOKS®

Contents

Plane-a-palooza

8 Biplane

15 Glider

11 Floatplane

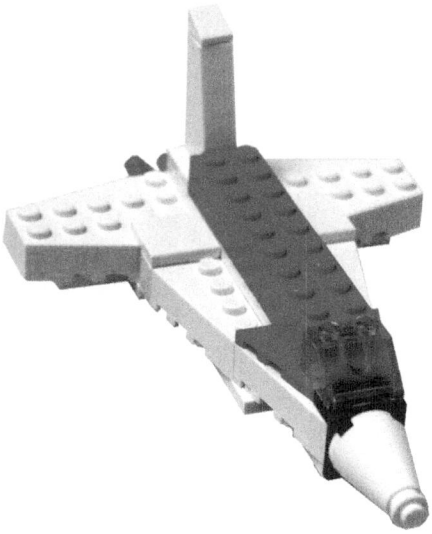

18 Fighter Jet

22 Blue Jet

26 White Plane

Ready for Liftoff

34
Purple Glider

41
Pink Jet

36
Blue Helicopter

45
Green Prop Plane

49
Rocket

53
Helicopter

57
Orange Glider

60
Prop Plane

Jumbo Jets

68
Jumbo Jet

77
Cargo Jet

How to Use This Book

What you will be building.

A photo of what your finished biplane will look like.

Build a Biplane

An illustration of the finished biplane that looks like the pictures in the steps.

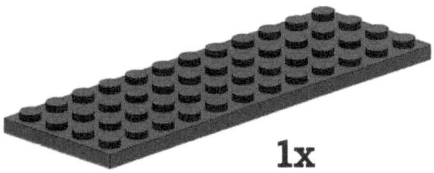

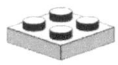

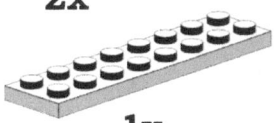

All the pieces you will need to build the biplane are listed at the beginning of each of the instructions.

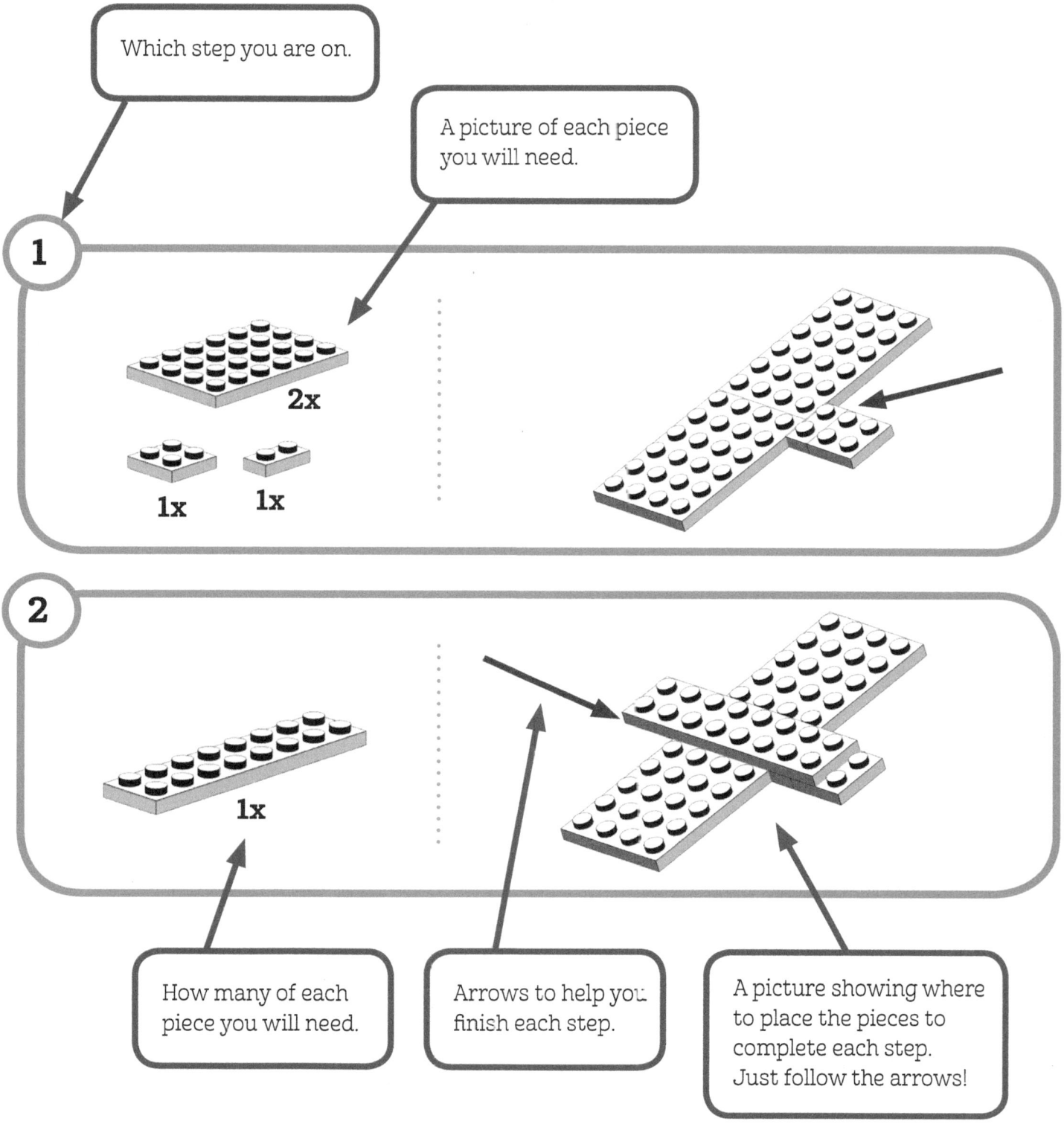
Which step you are on.
A picture of each piece you will need.
1
2x
1x
1x
2
1x
How many of each piece you will need.
Arrows to help you finish each step.
A picture showing where to place the pieces to complete each step. Just follow the arrows!

Plane-a-palooza

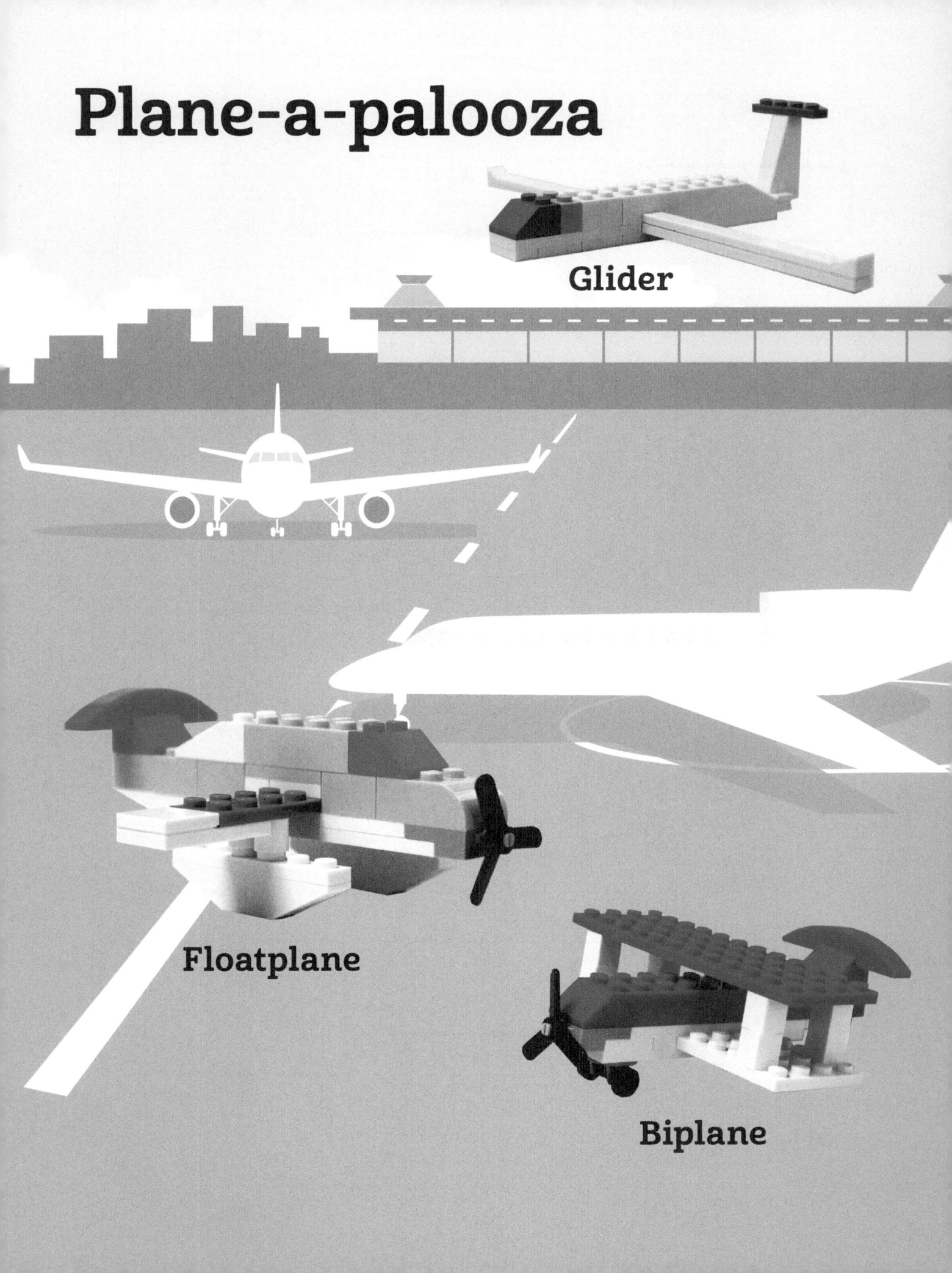

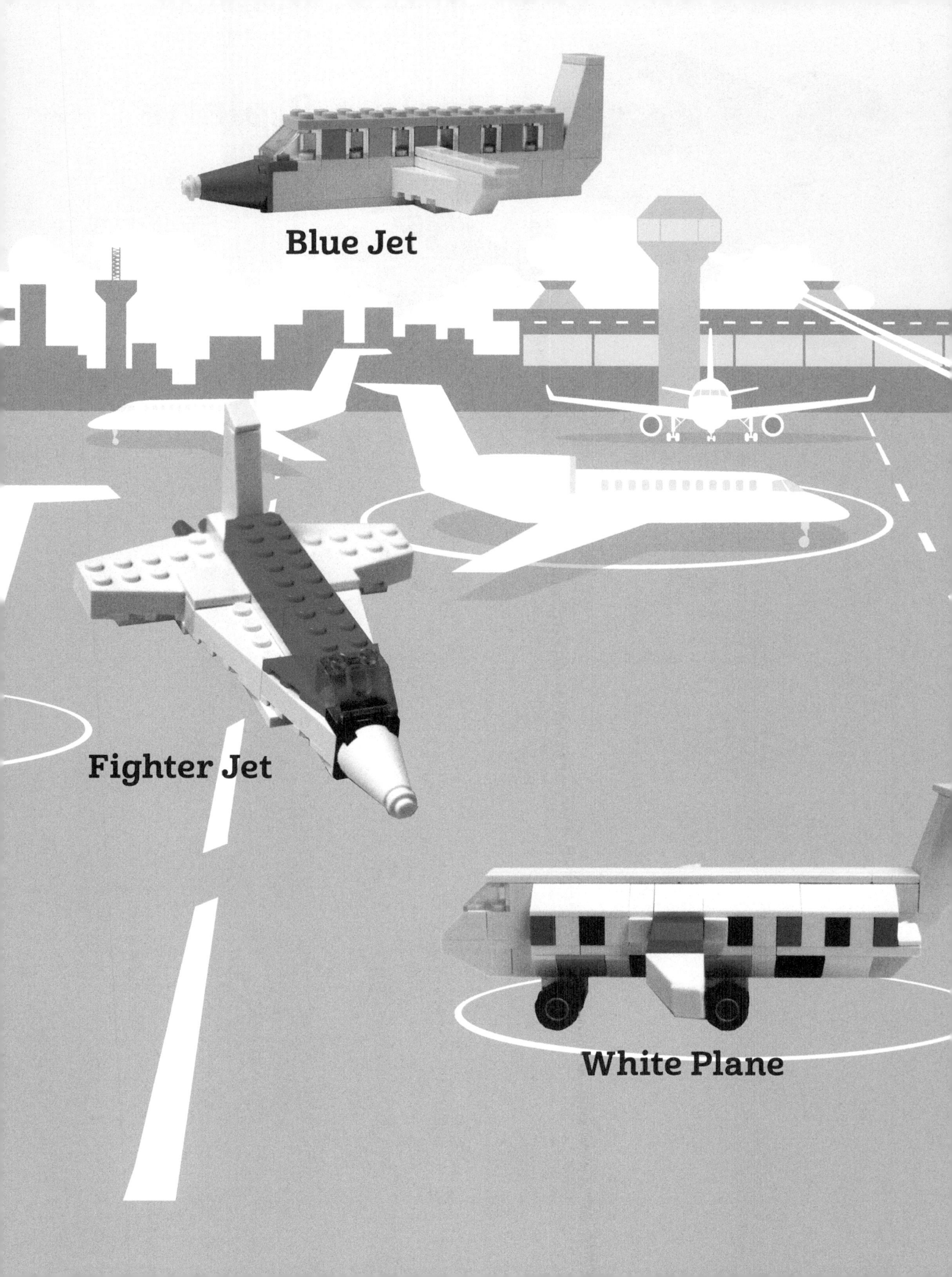
Blue Jet
Fighter Jet
White Plane

Build a Biplane

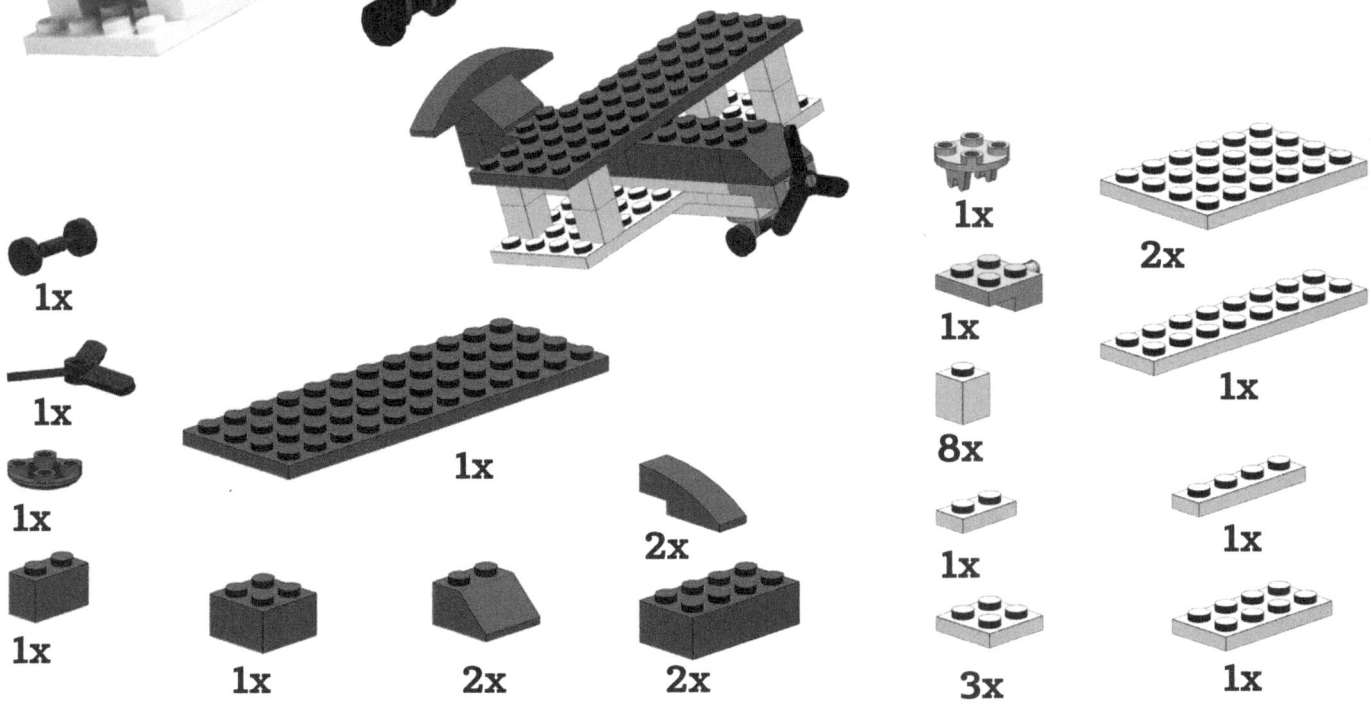

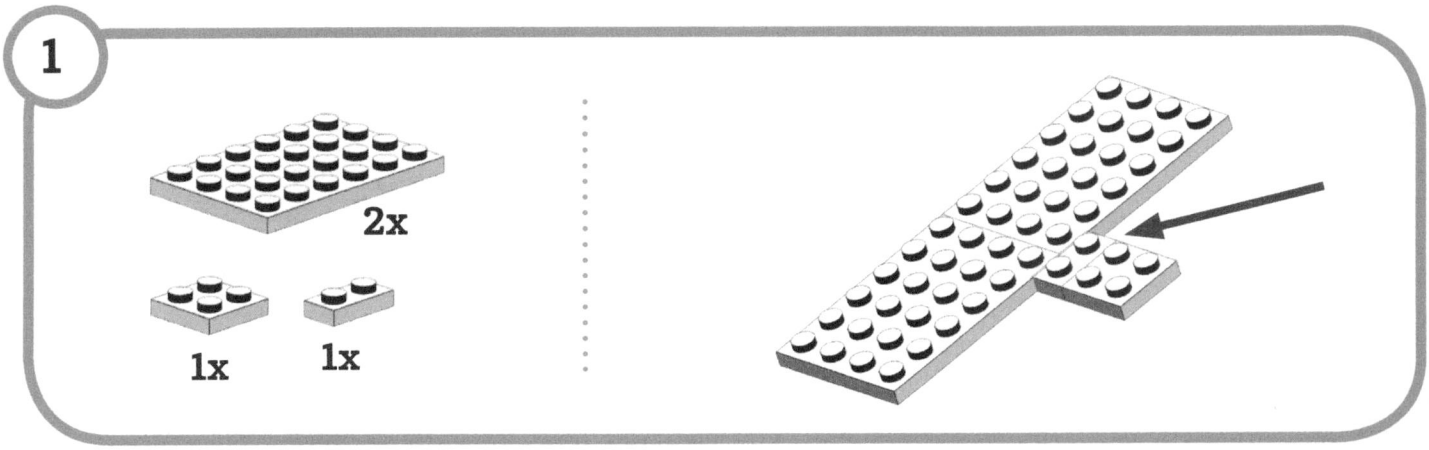

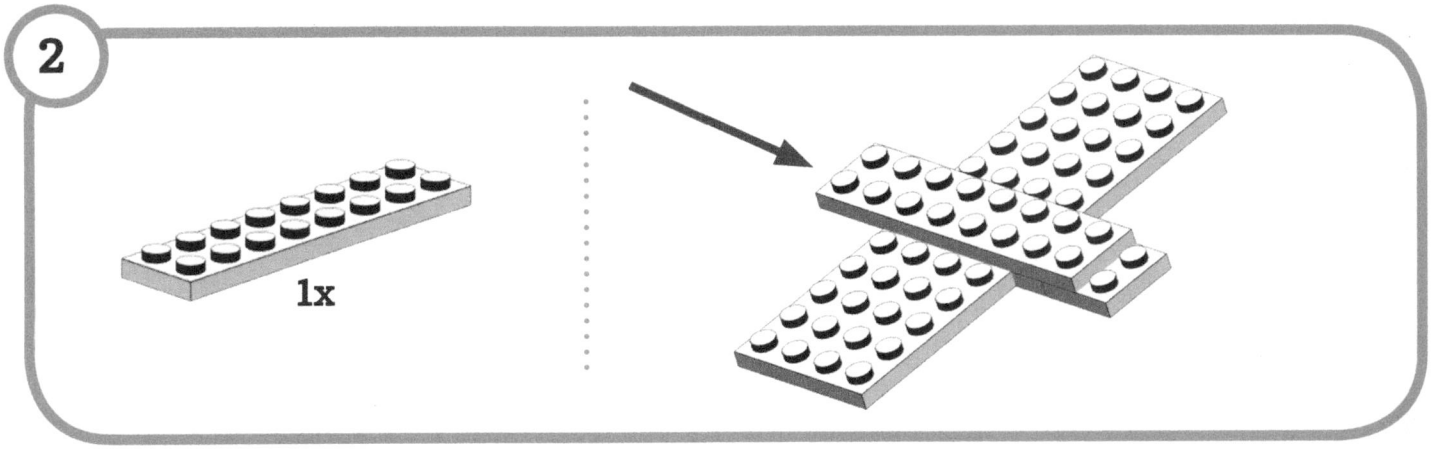

3

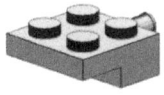

1x

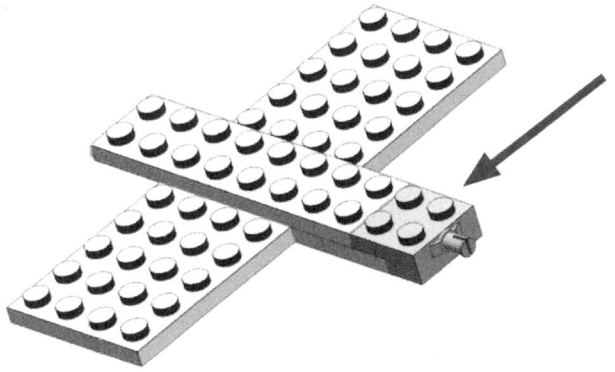

4

1x

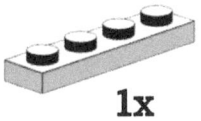

1x

1x

5

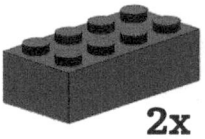

2x

1x

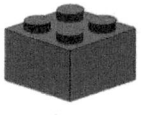

1x

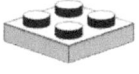

1x

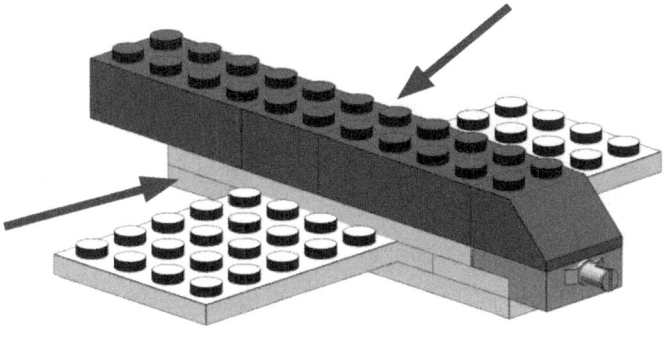

6

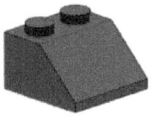

1x

1x

1x

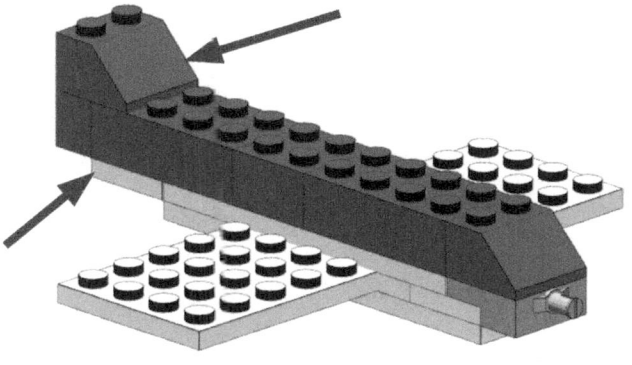

7

2x

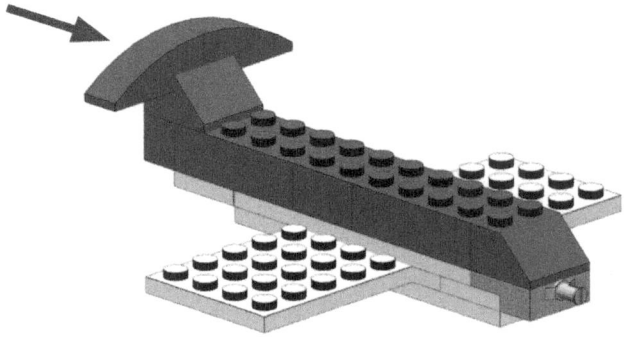

8

8x

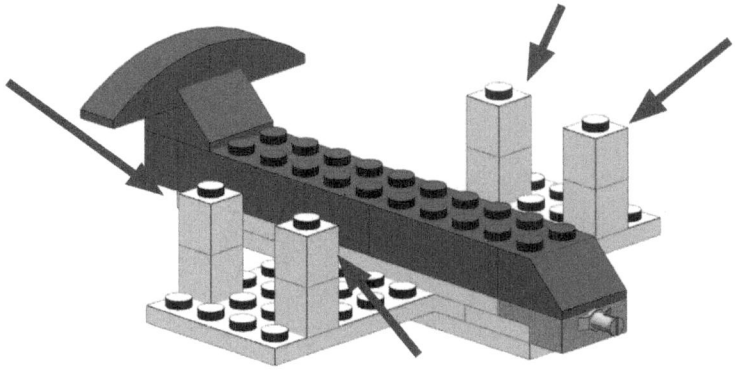

9

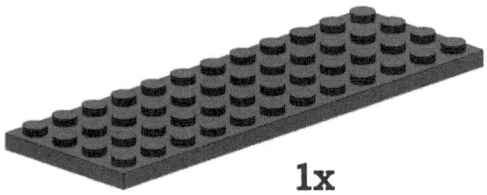

1x

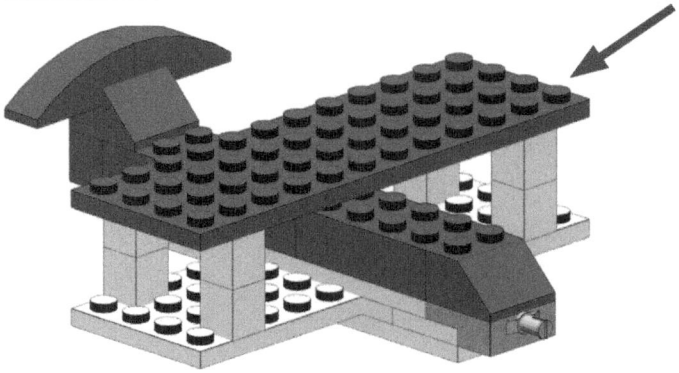

10

1x

1x

1x

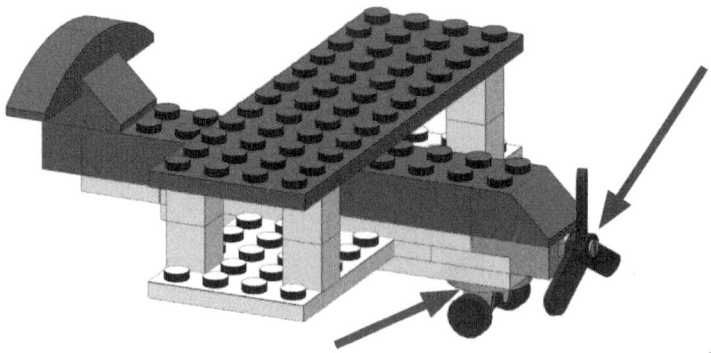

Build a Floatplane

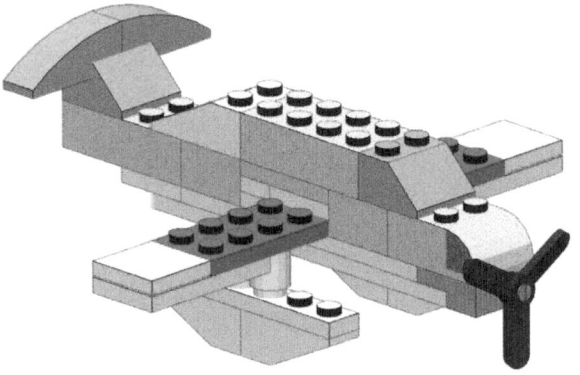

1x

1x

2x

4x

4x

2x

1x

2x

1x

2x

2x

1x

1x

2x

1x

2x

2x

2x

2x

1

2x

1x

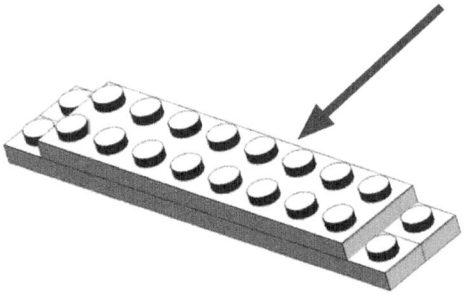

2

1x 1x

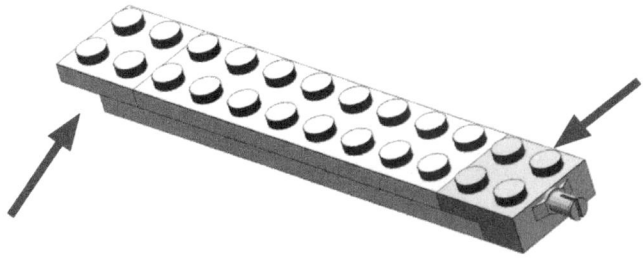

3

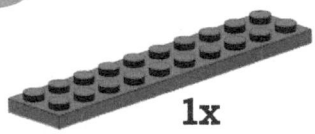

1x

1x

1x

2x

1x

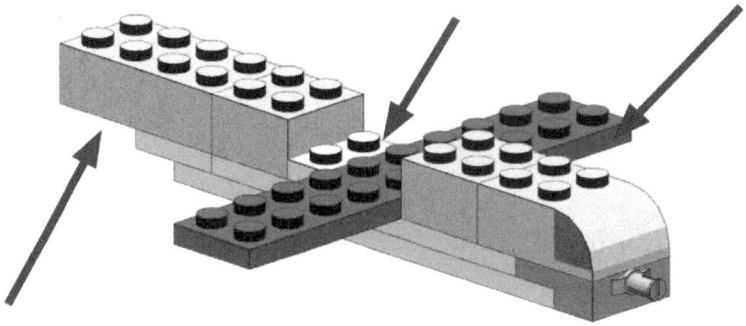

4

1x

1x

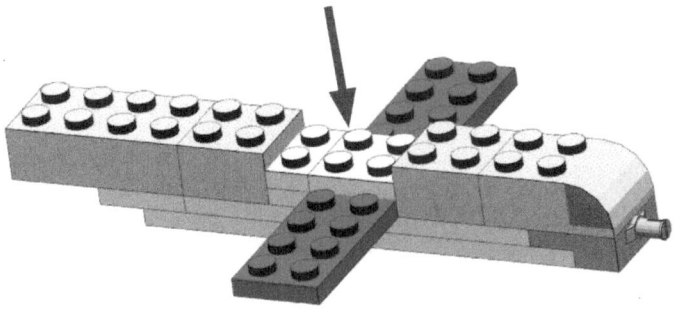

5

1x

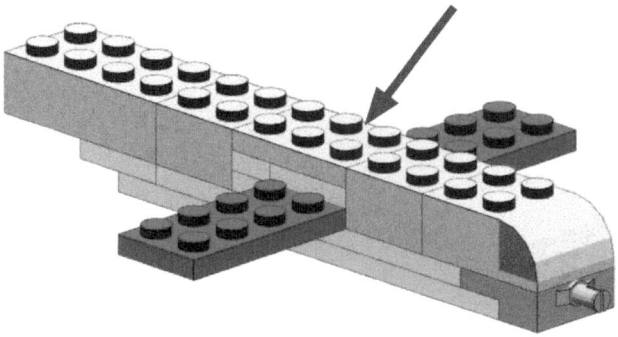

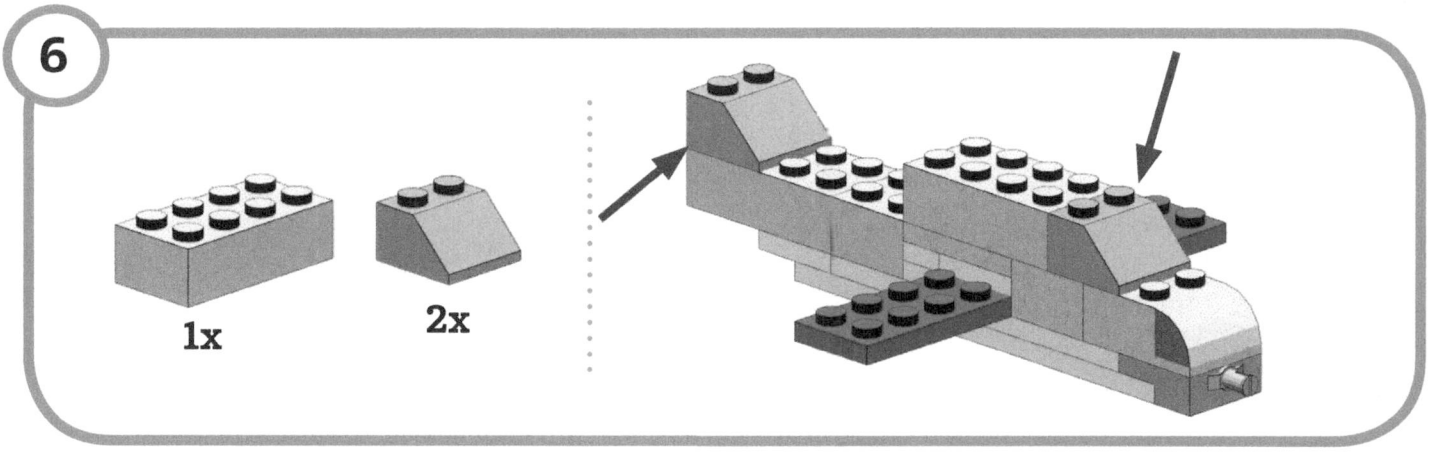
6
1x
2x

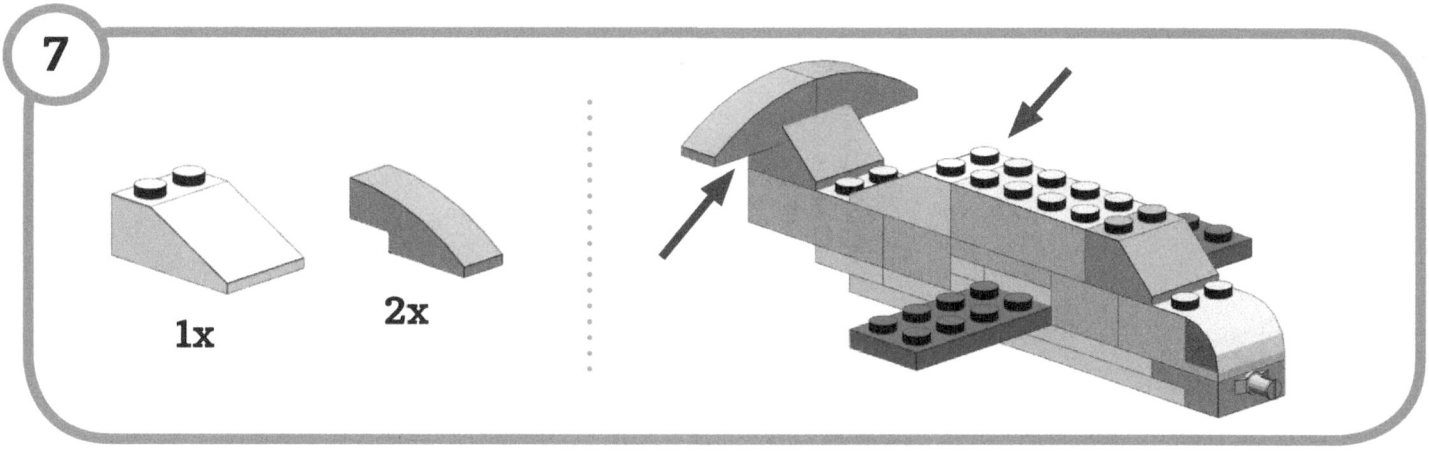
7
1x
2x

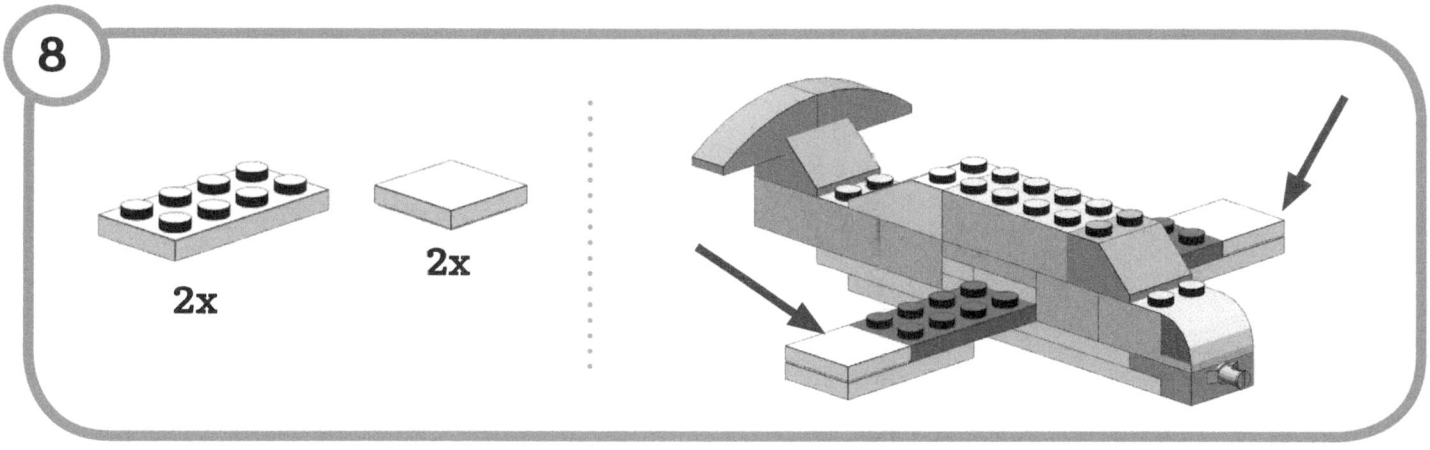
8
2x
2x

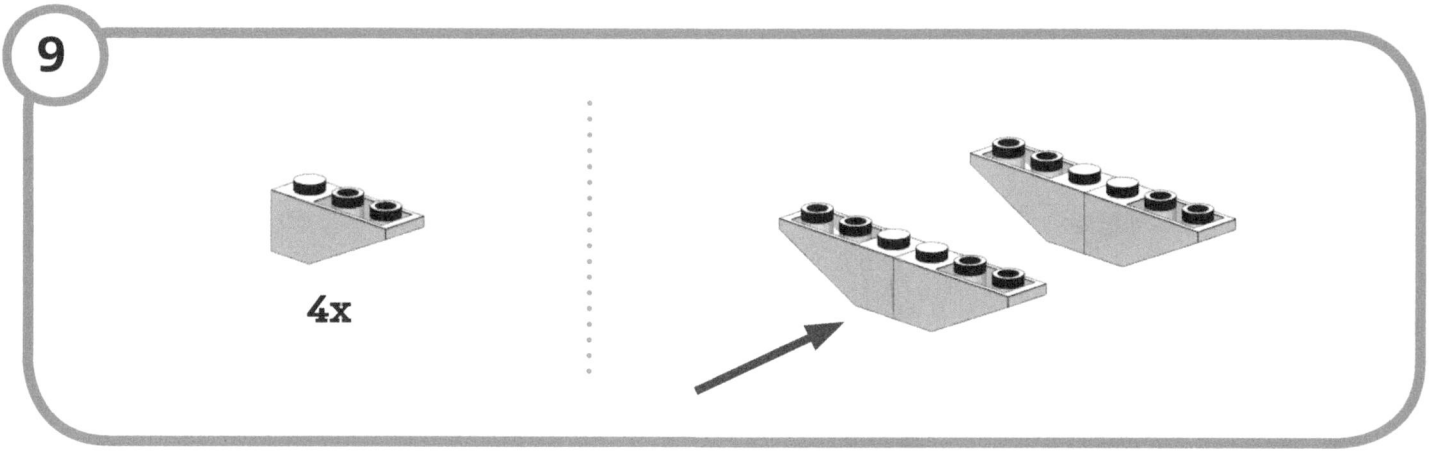
9
4x

10

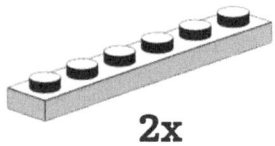

2x

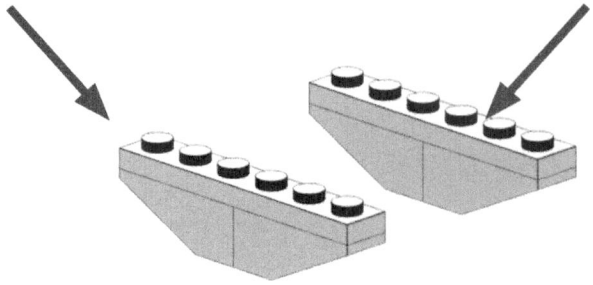

11

4x

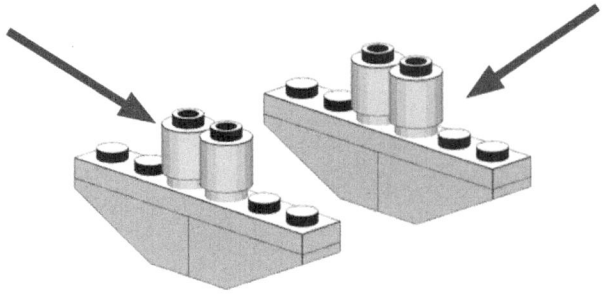

12

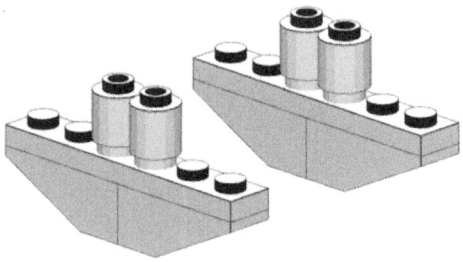

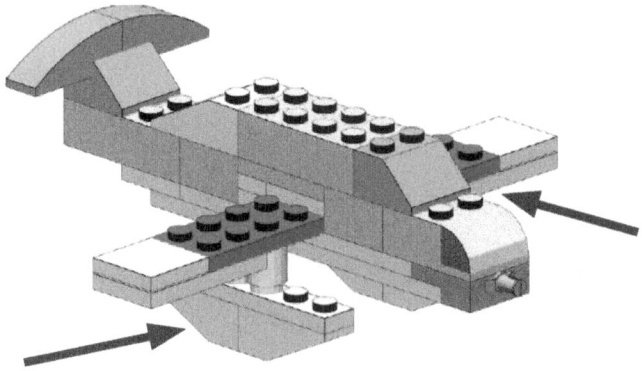

13

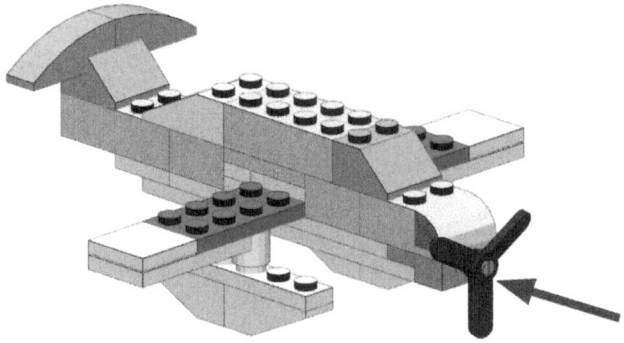

Build a Glider

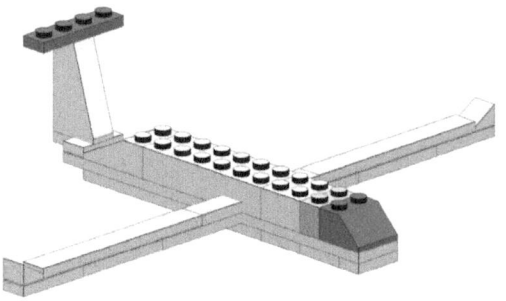

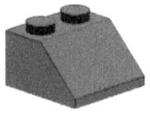
1x

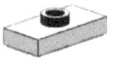
1x

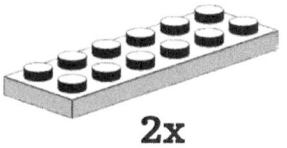
2x

1x

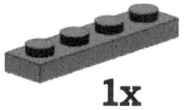
1x

2x

1x

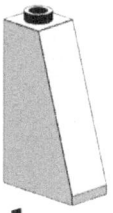
1x

2x

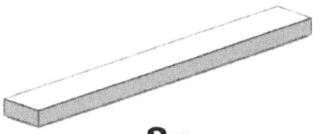
2x

2x

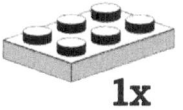
1x

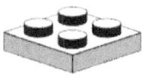
2x

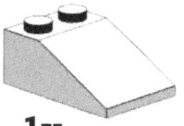
1x

1x

1x

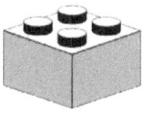
1x

2x

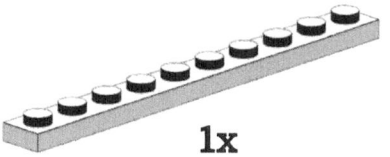
1x

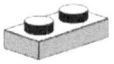
1x

1

1x

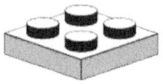
2x

1x

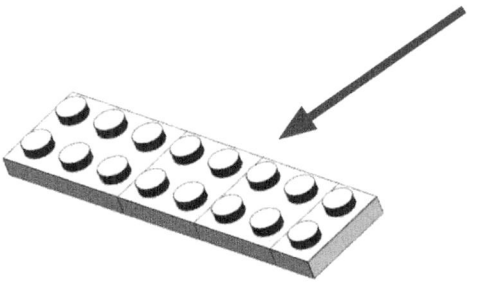

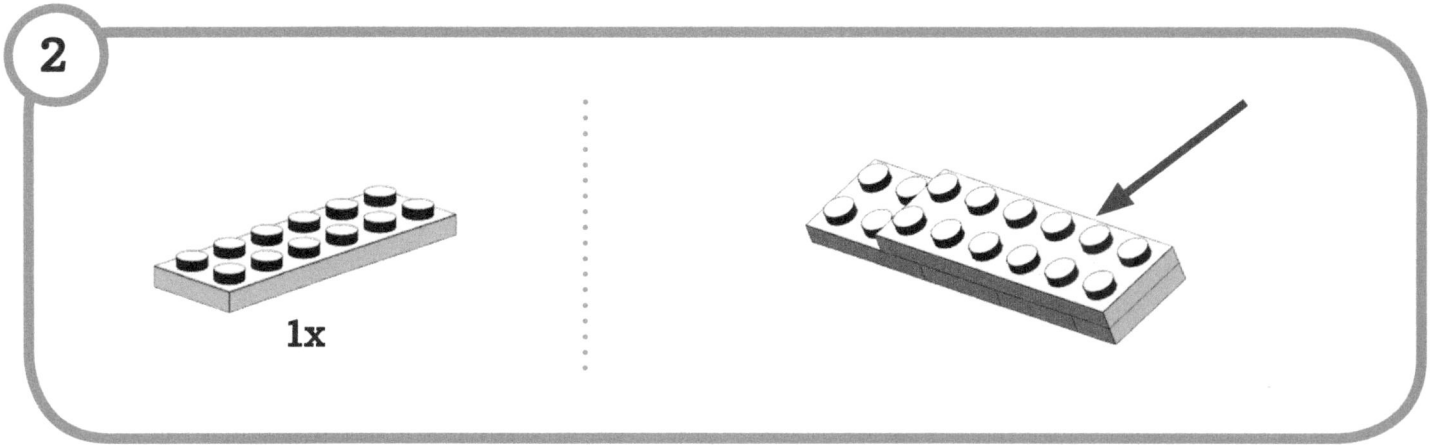
2
1x

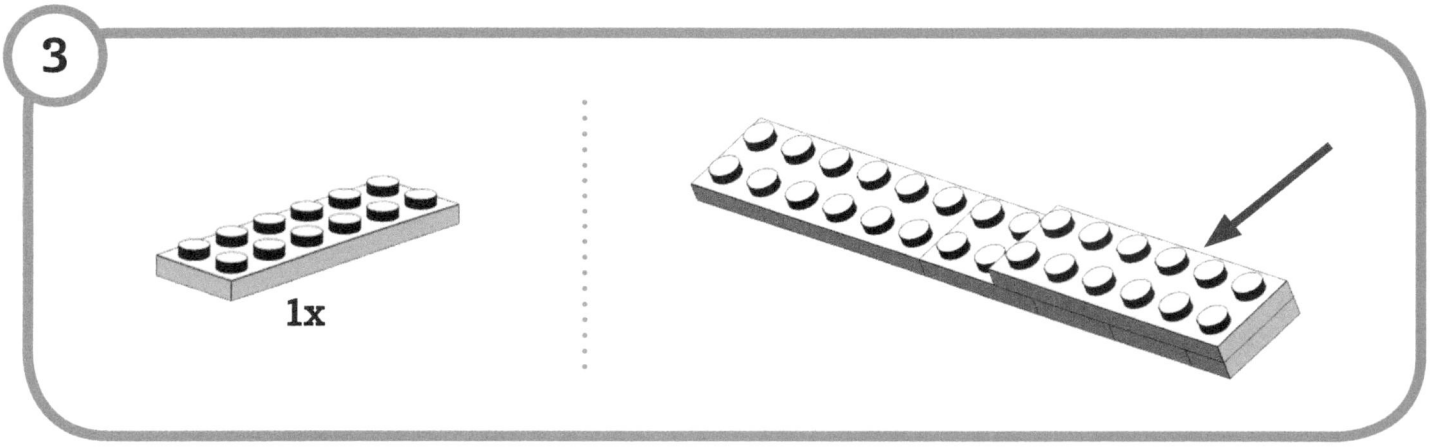
3
1x

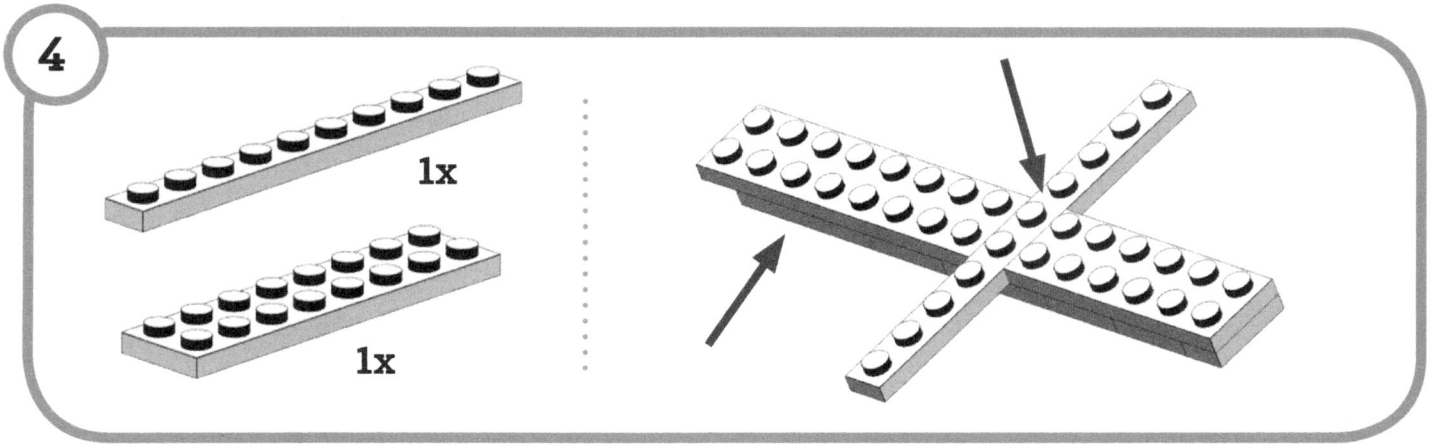
4
1x
1x

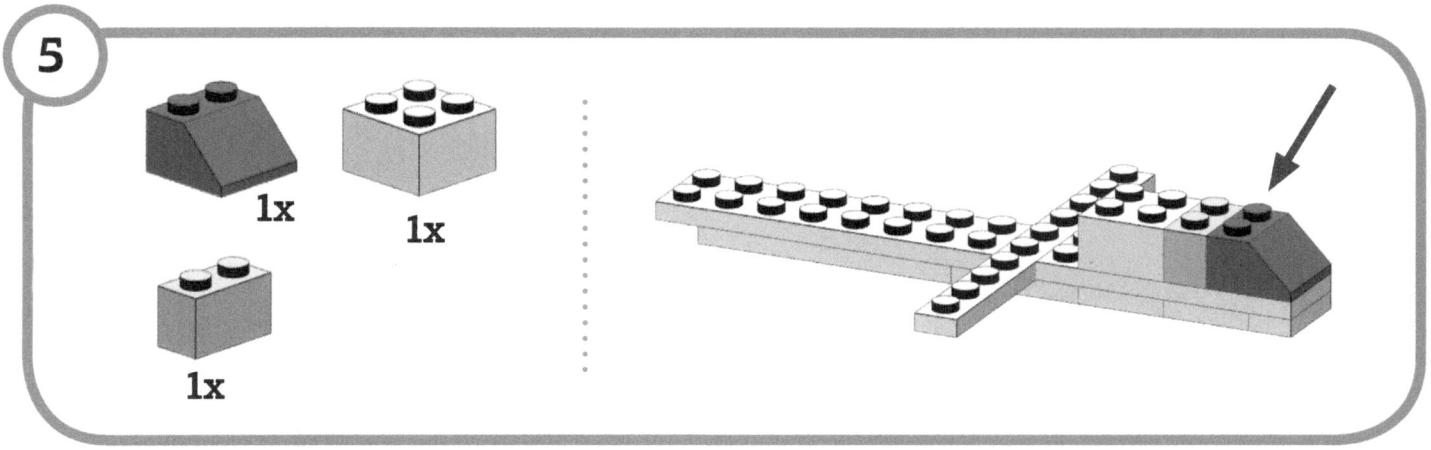
5
1x
1x
1x

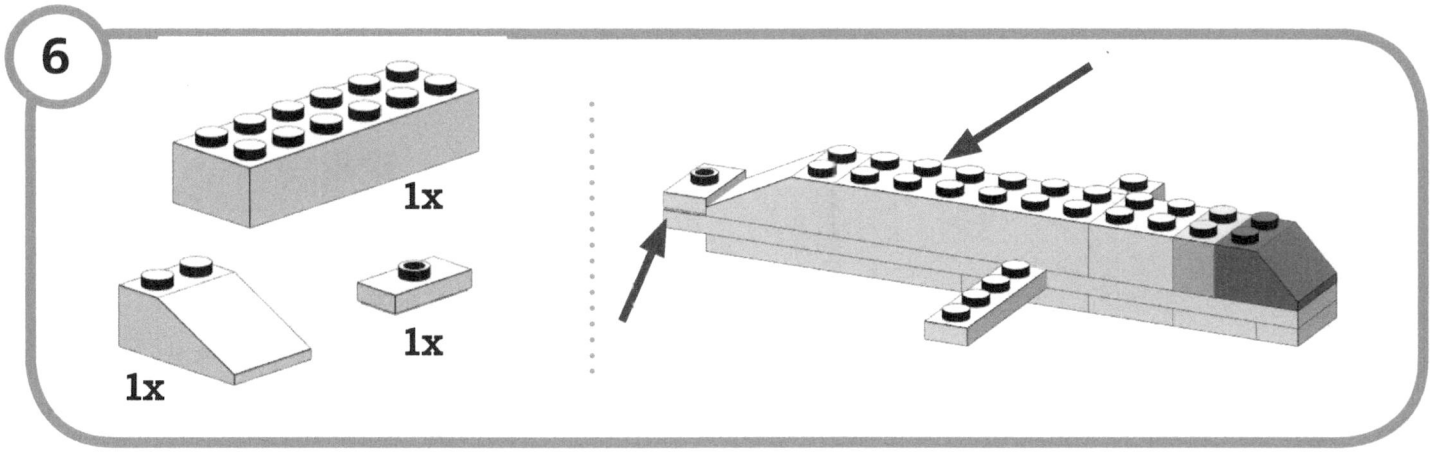
6
1x
1x
1x

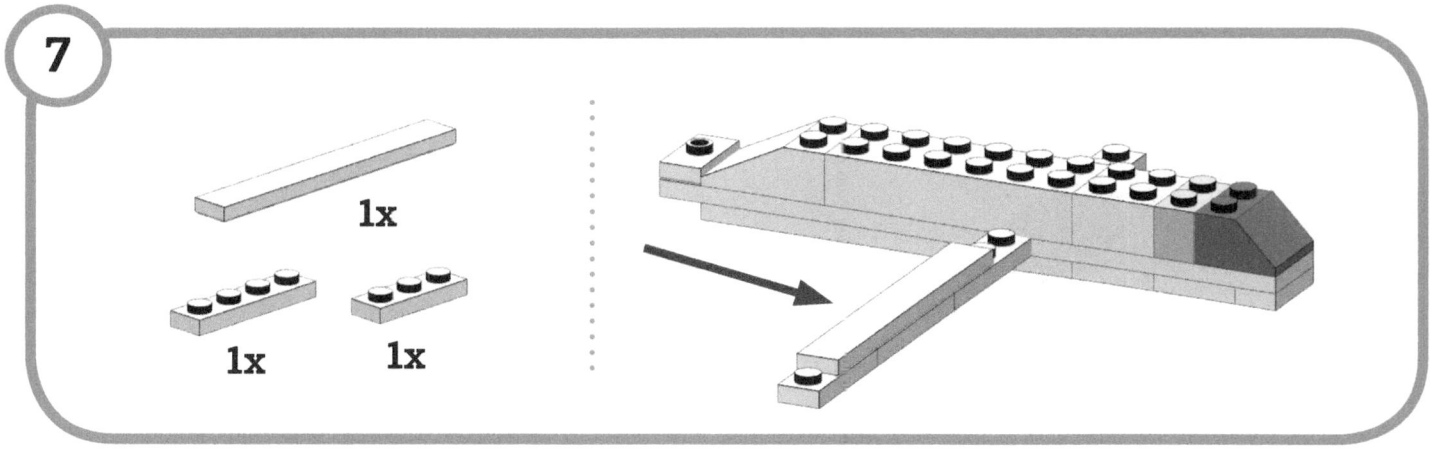
7
1x
1x
1x

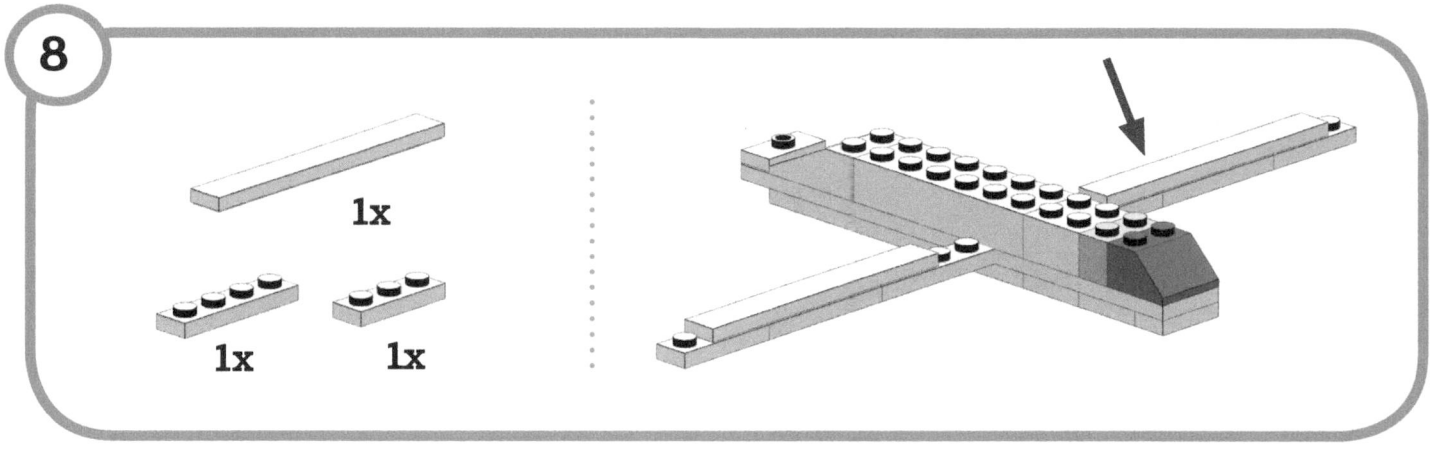
8
1x
1x
1x

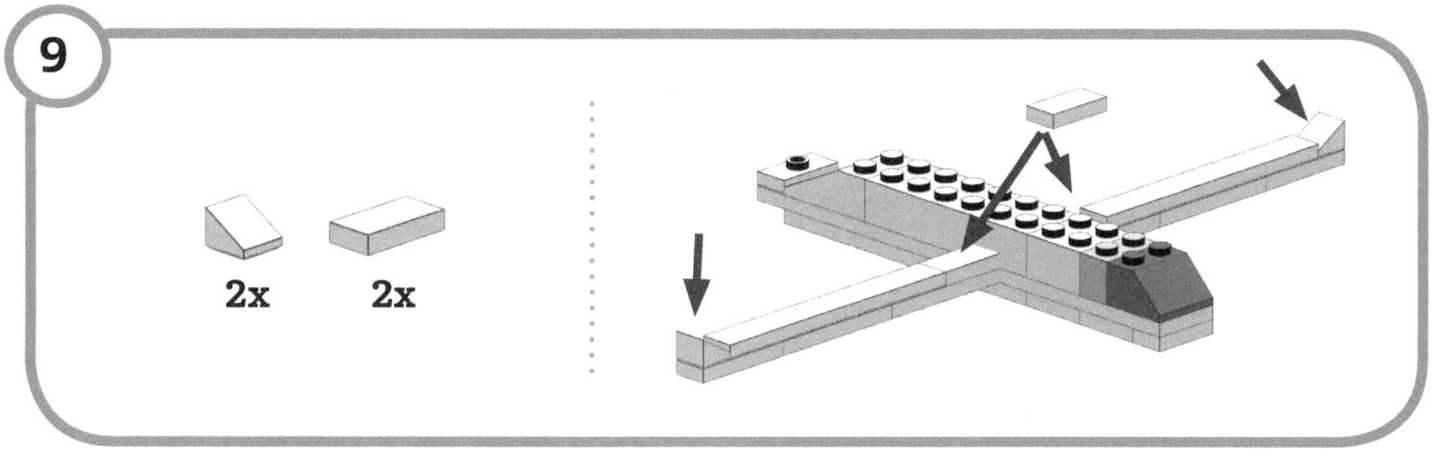
9
2x
2x

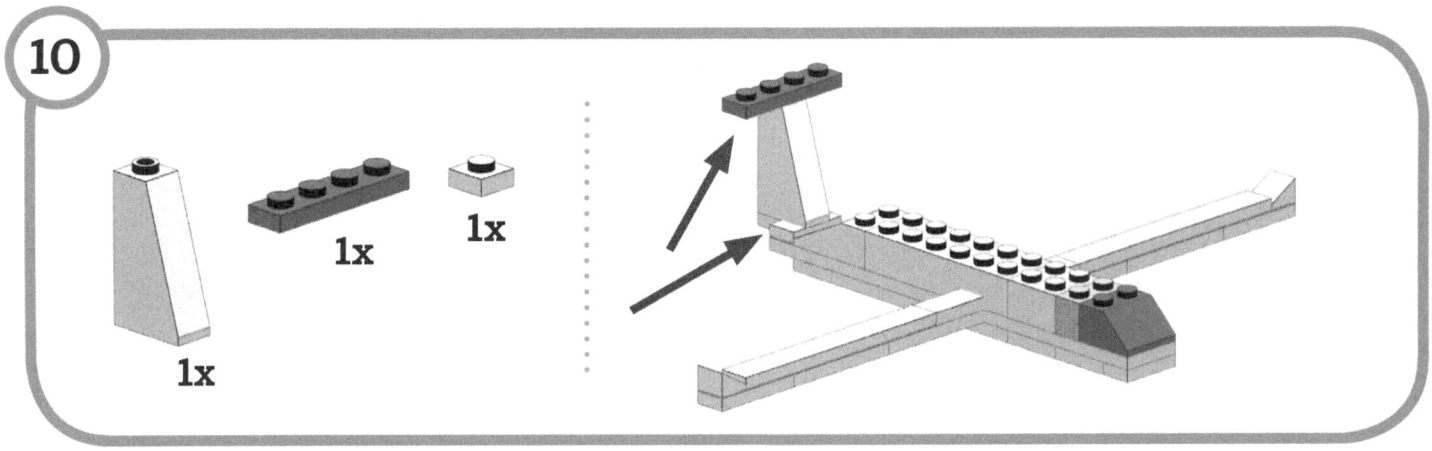

Build a Fighter Jet

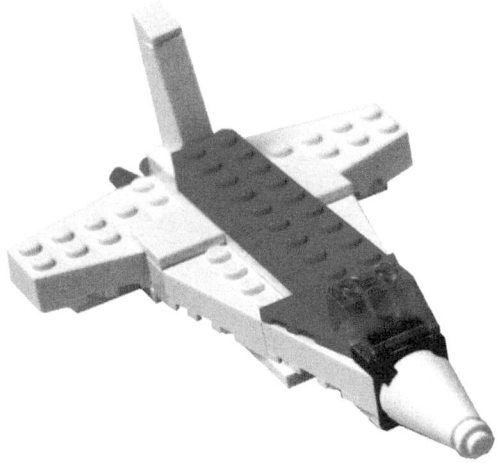

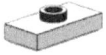

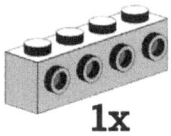

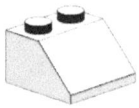

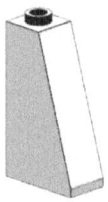

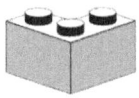

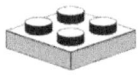

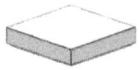

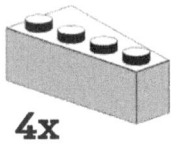

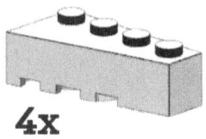

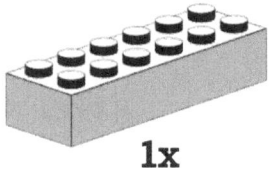

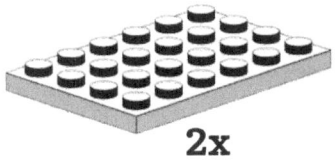

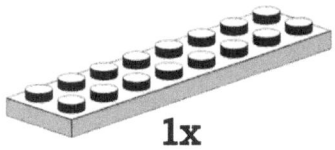

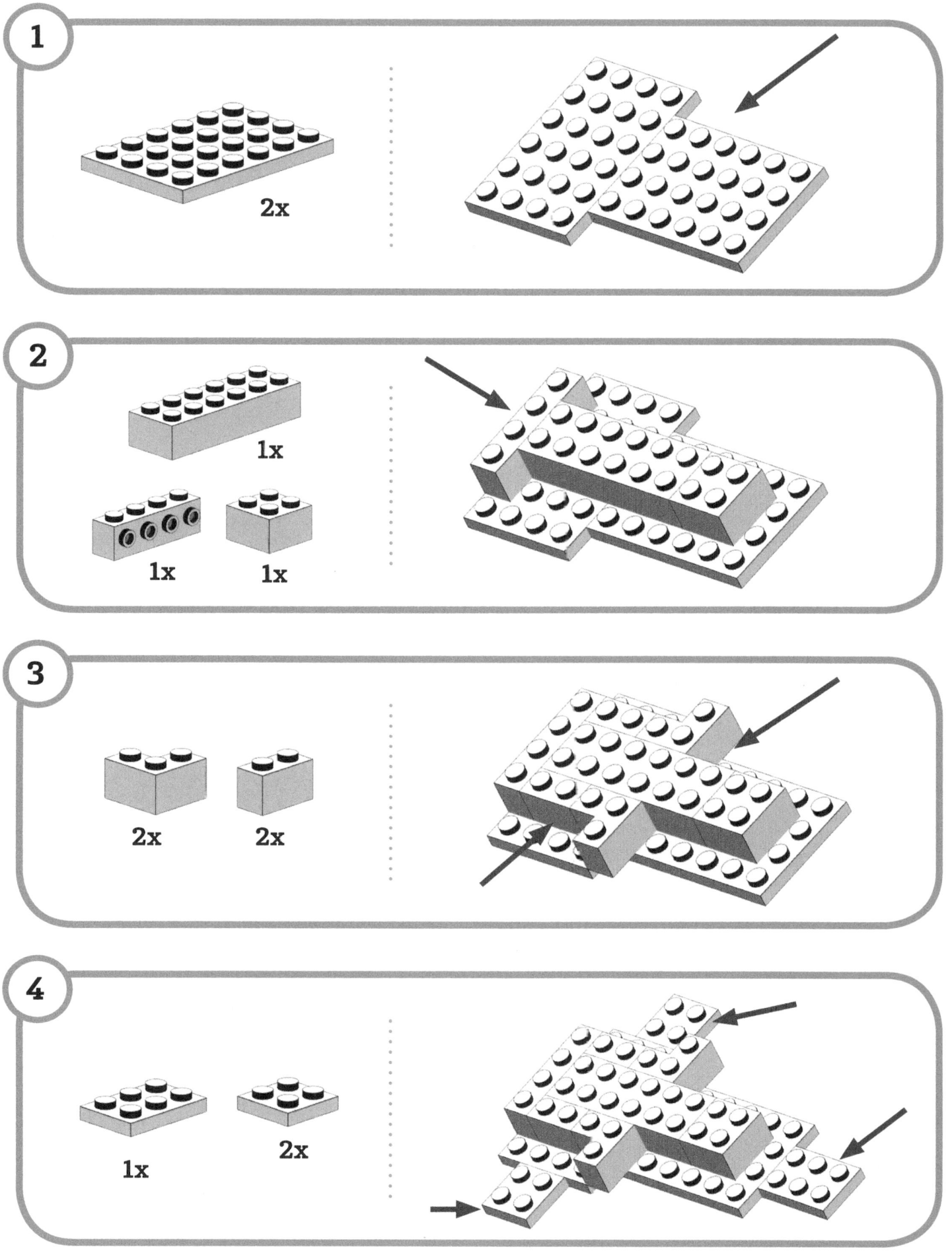
1
2x
2
1x
1x
1x
3
2x
2x
4
1x
2x

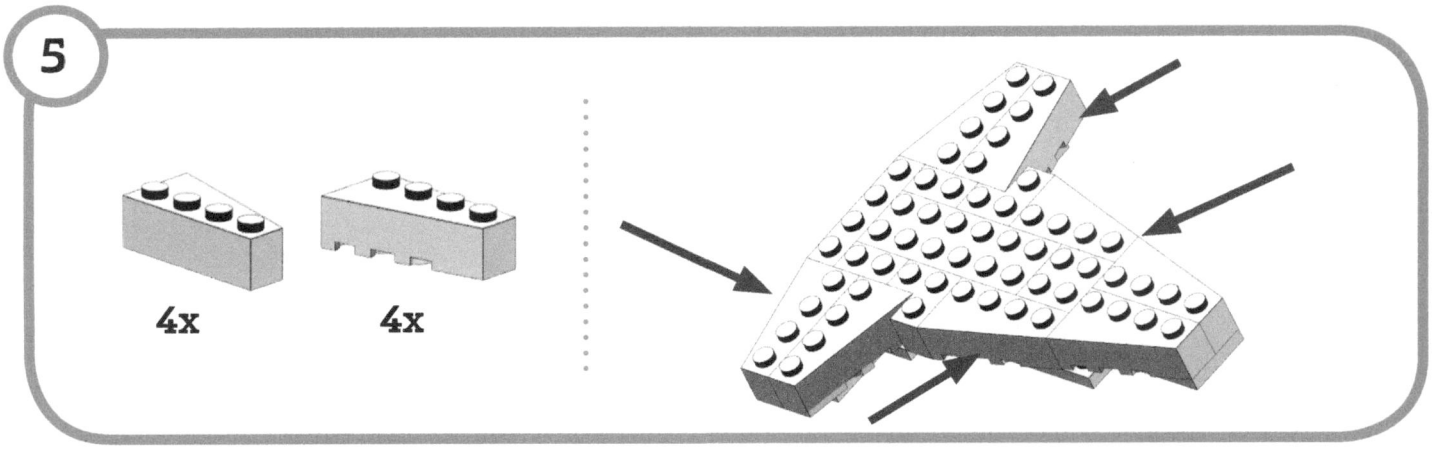
5
4x
4x

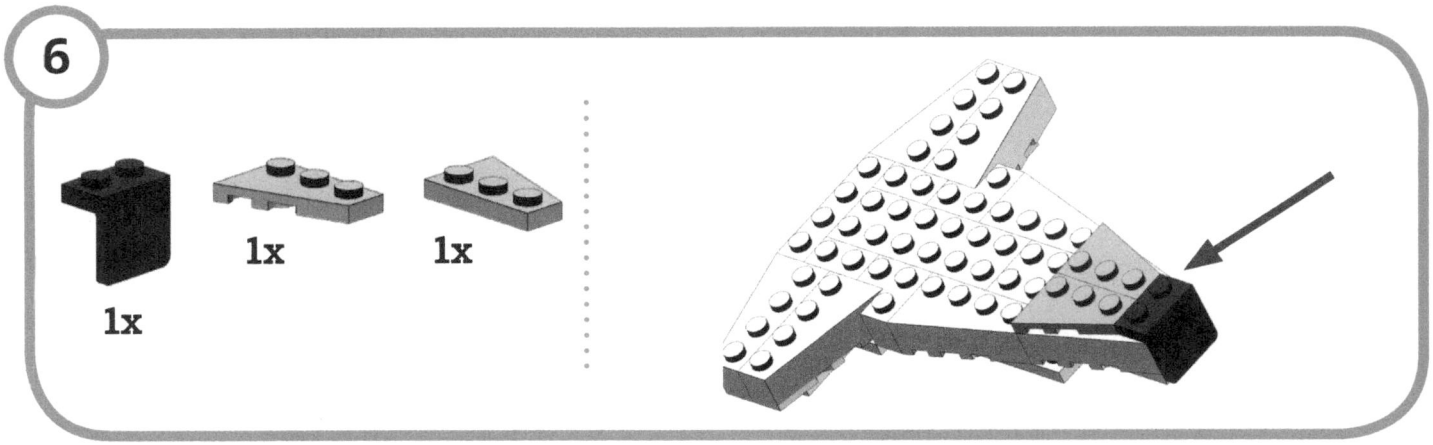
6
1x
1x
1x

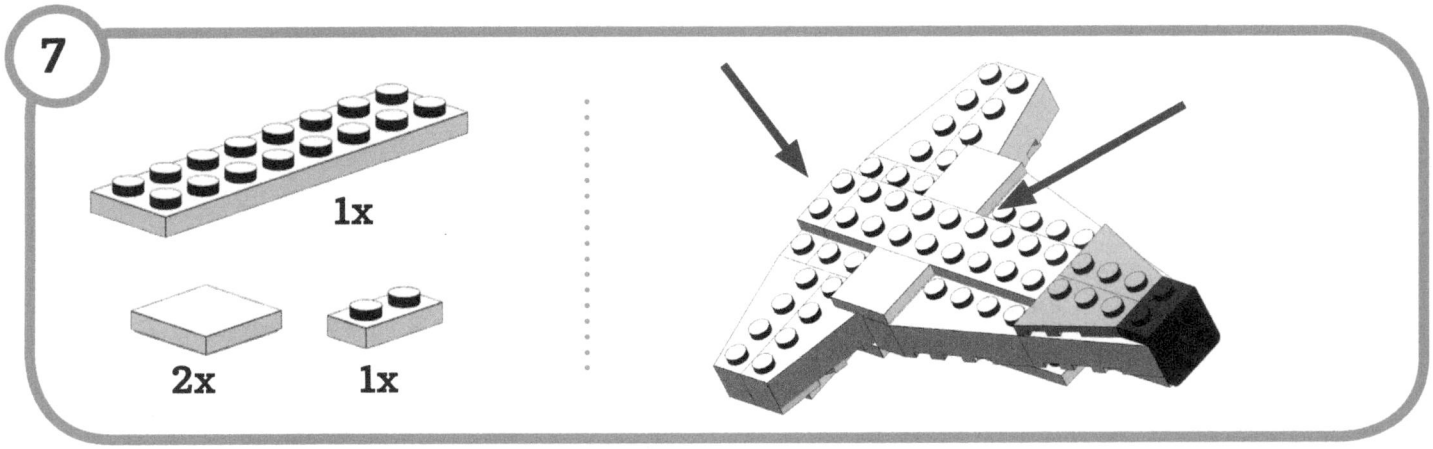
7
1x
2x
1x

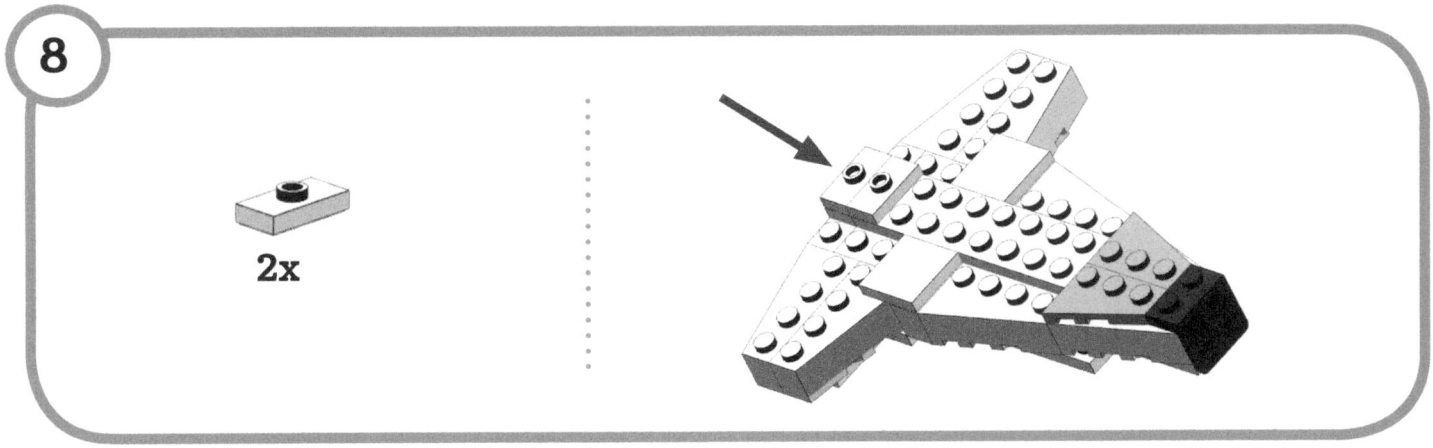
8
2x

9

3x

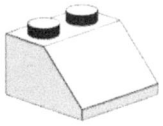

1x

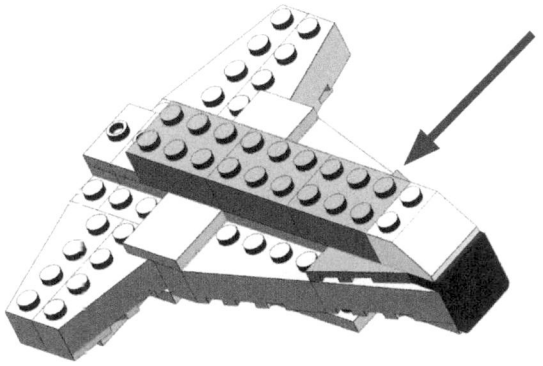

10

2x

2x

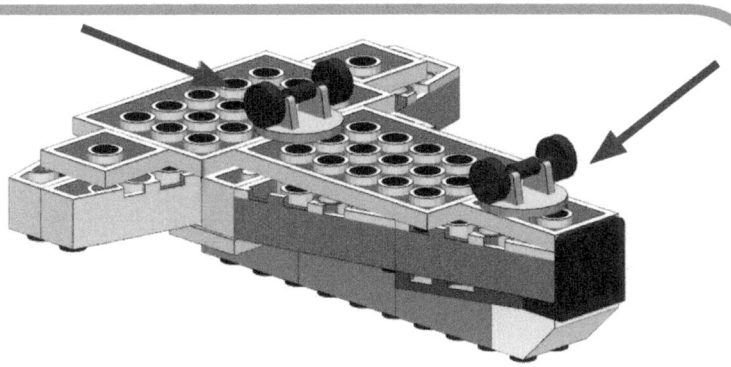

11

1x

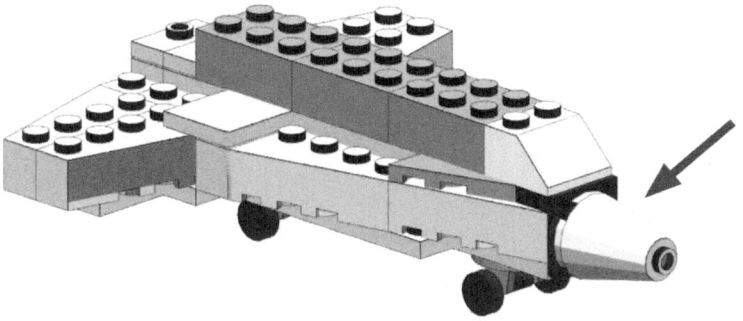

12

2x

2x

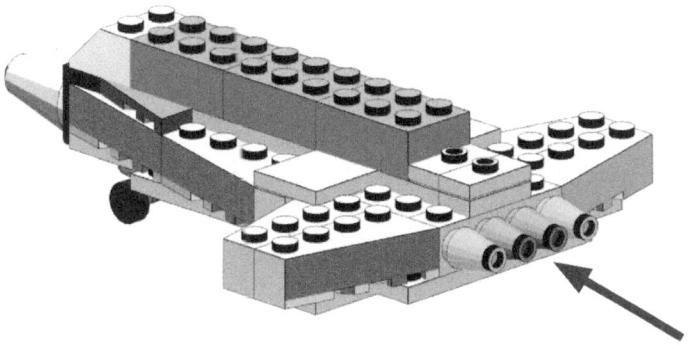

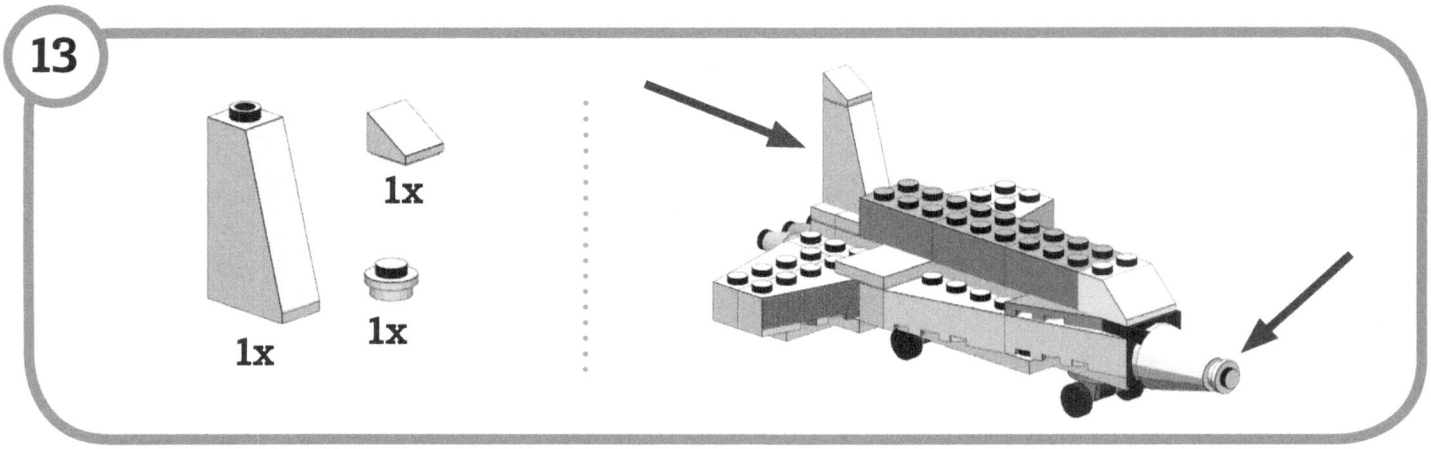

Build a Blue Jet

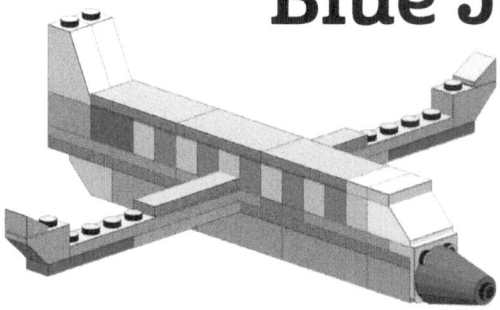

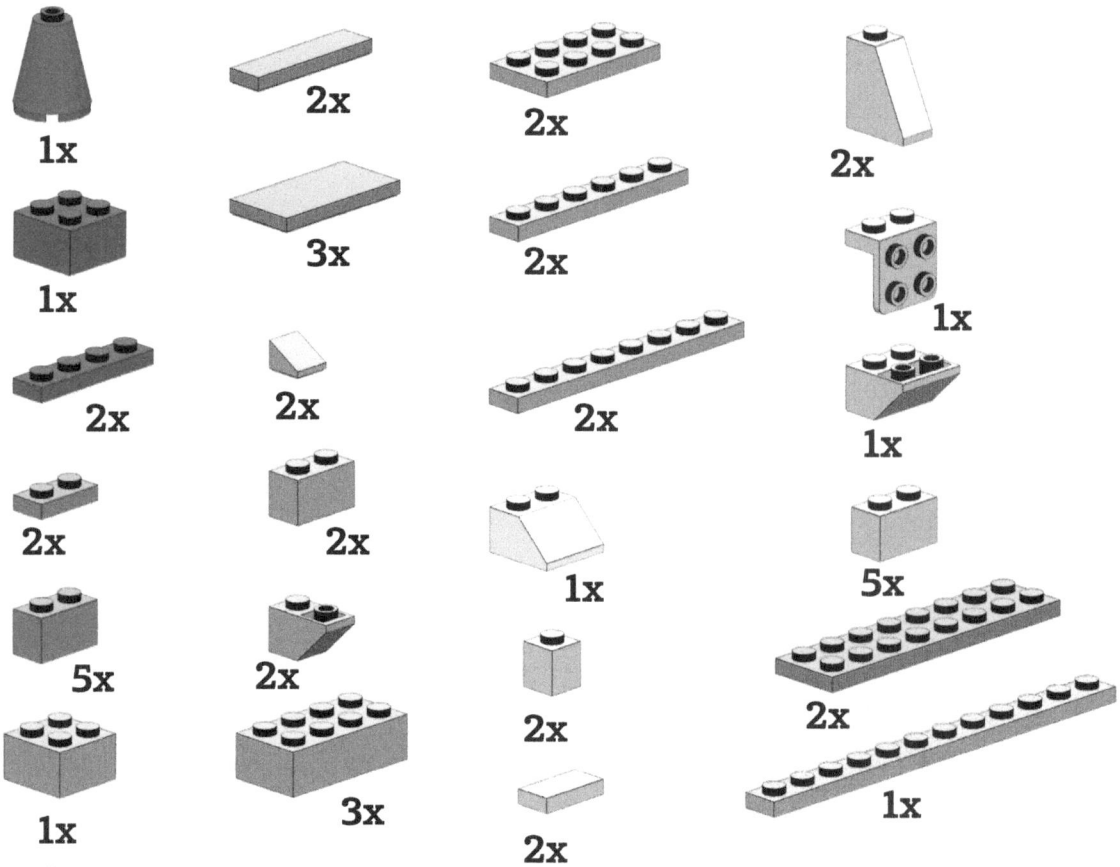

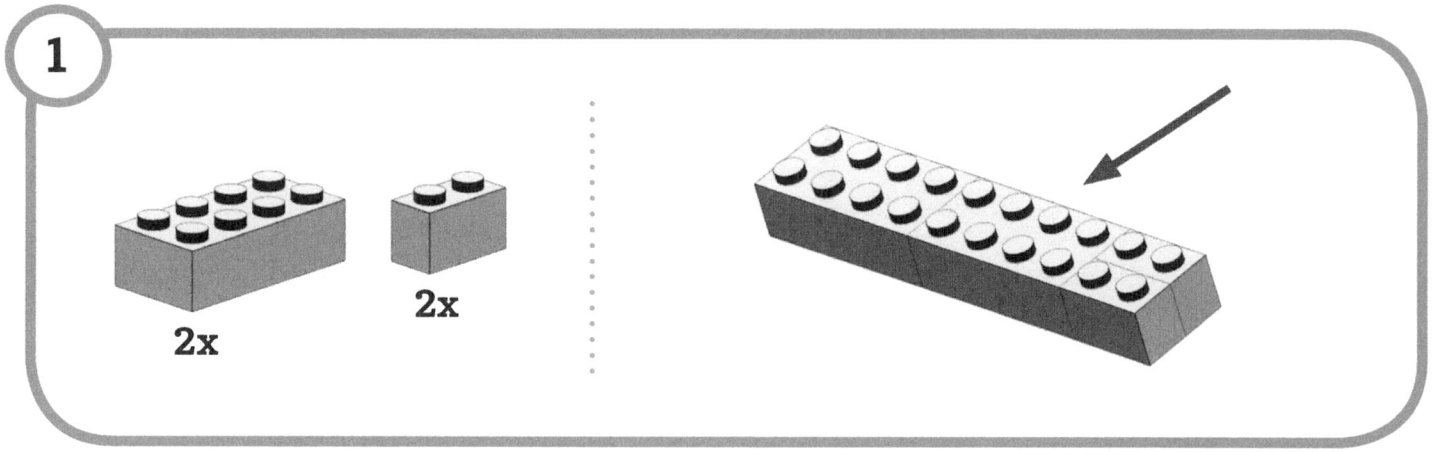
1
2x
2x

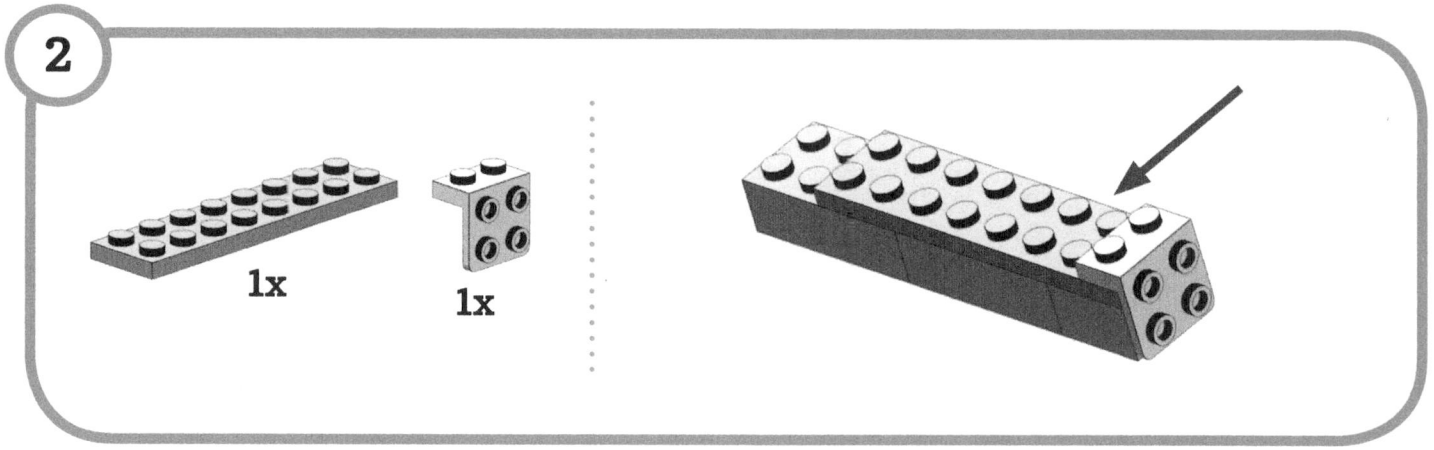
2
1x
1x

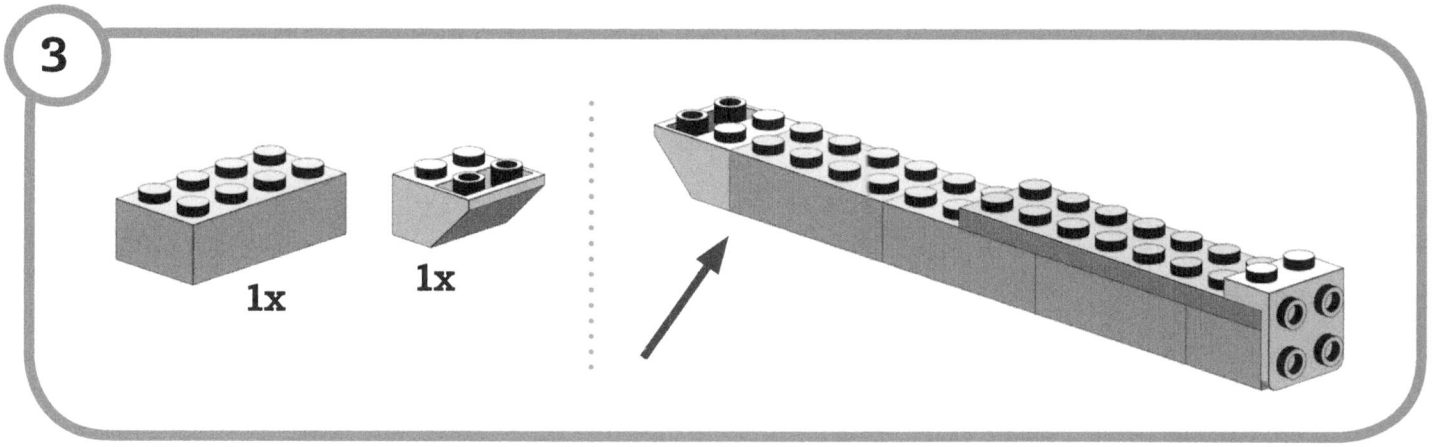
3
1x
1x

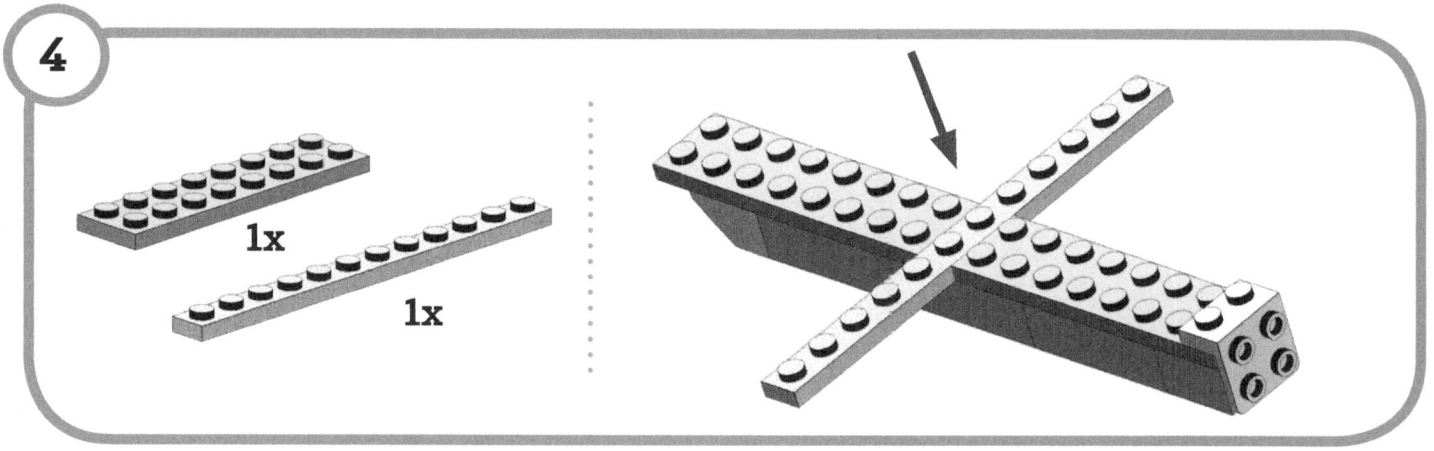
4
1x
1x

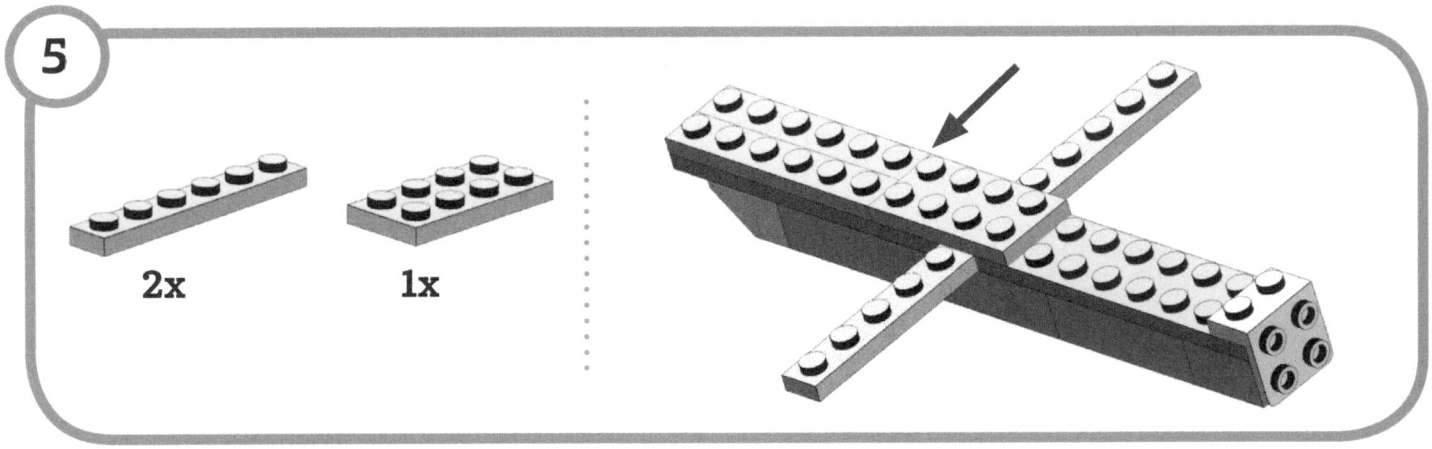
5
2x
1x

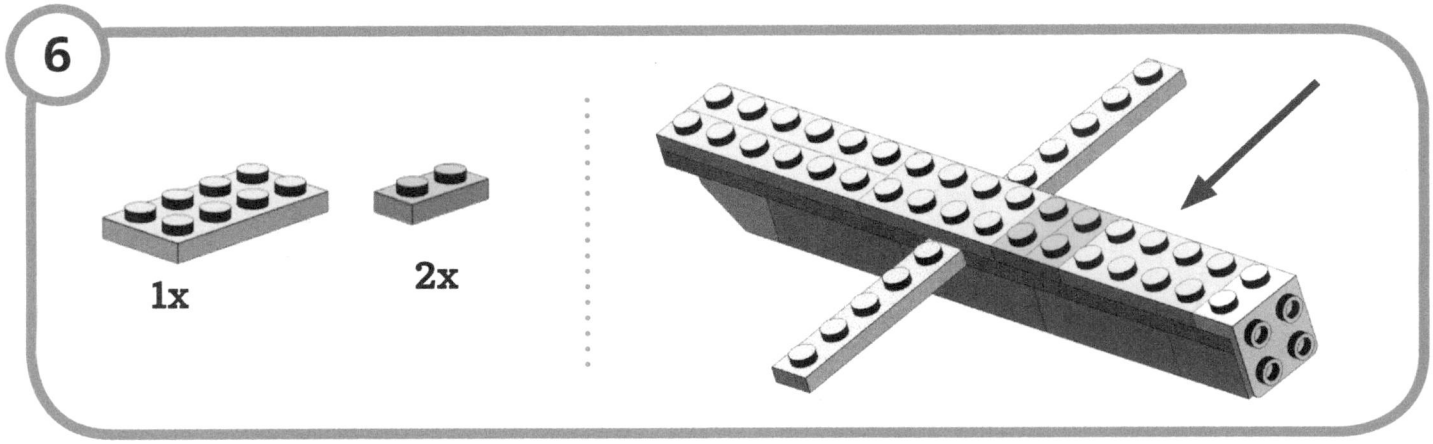
6
1x
2x

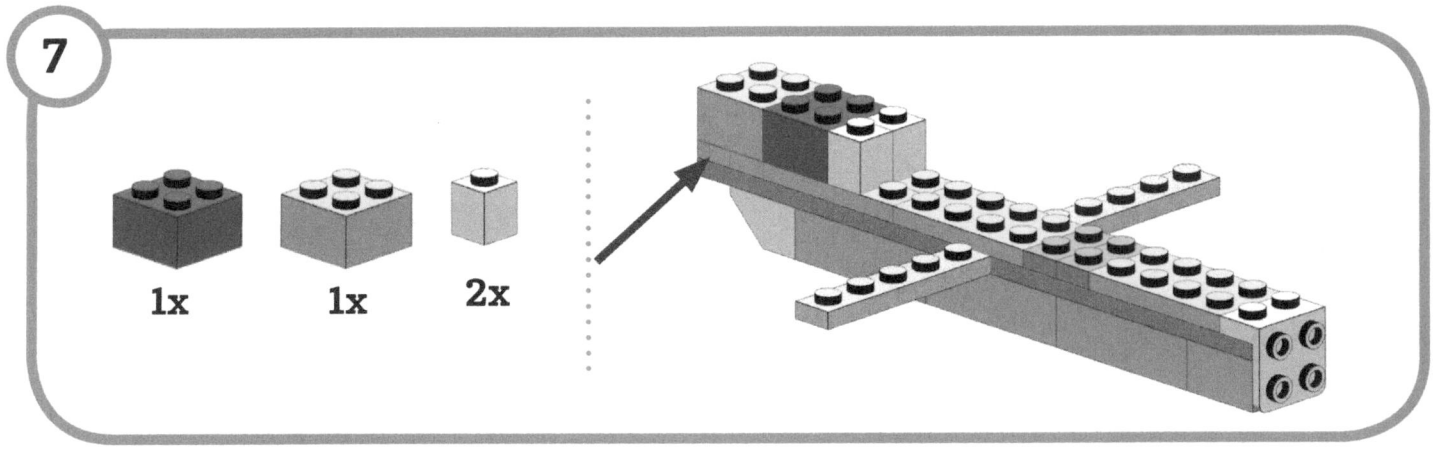
7
1x
1x
2x

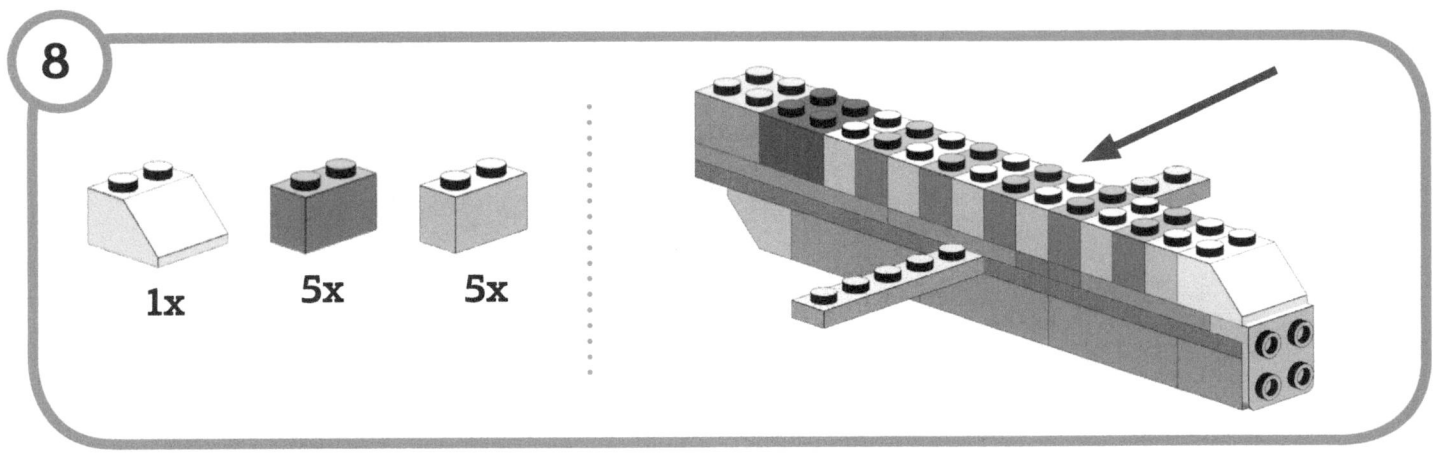
8
1x
5x
5x

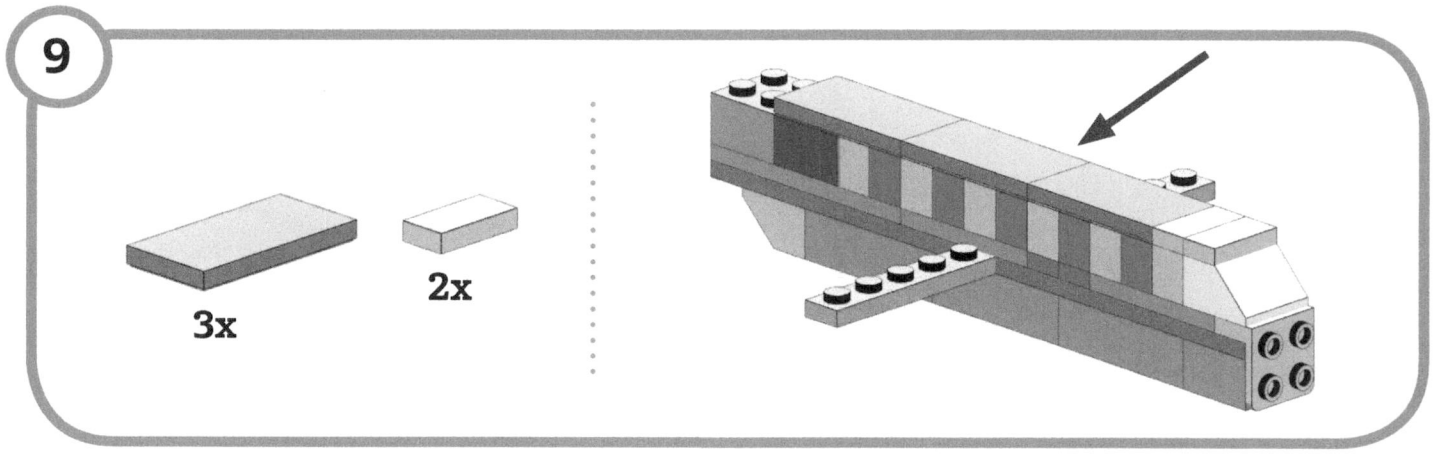
9
3x
2x

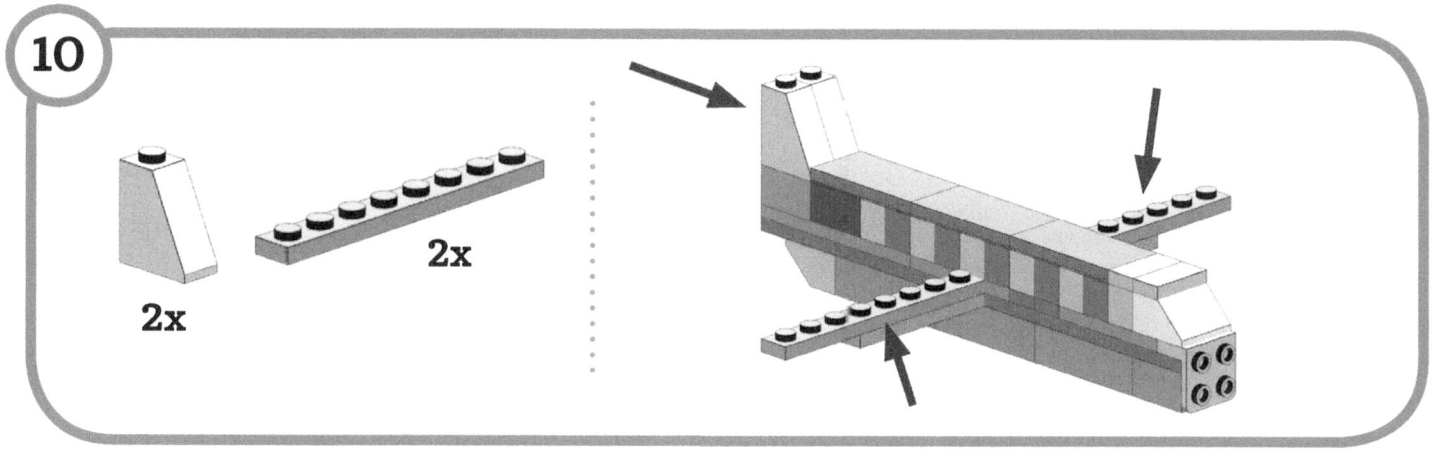
10
2x
2x

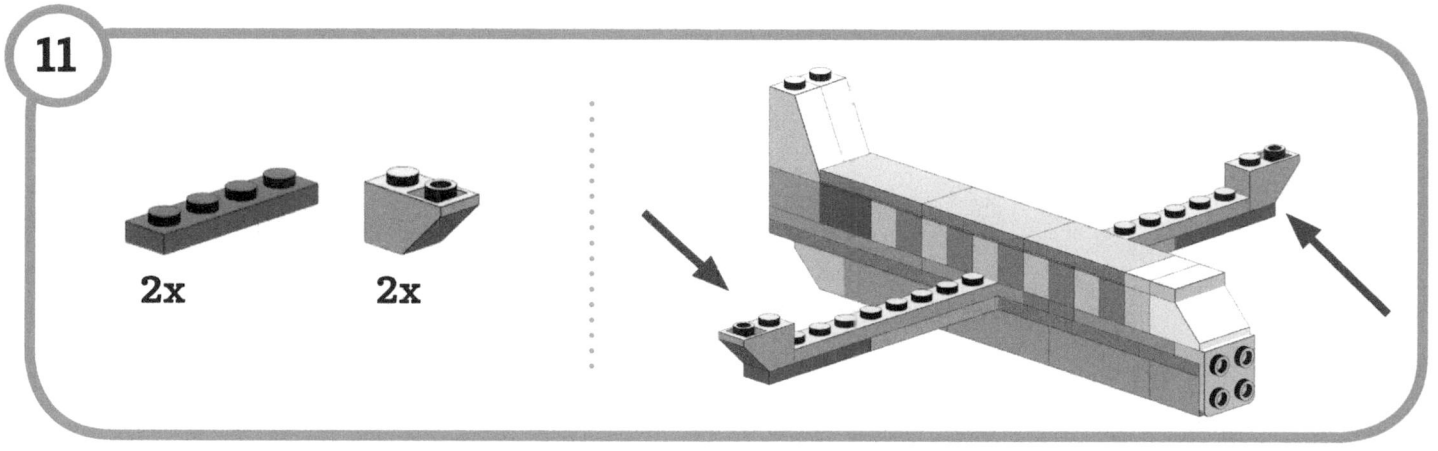
11
2x
2x

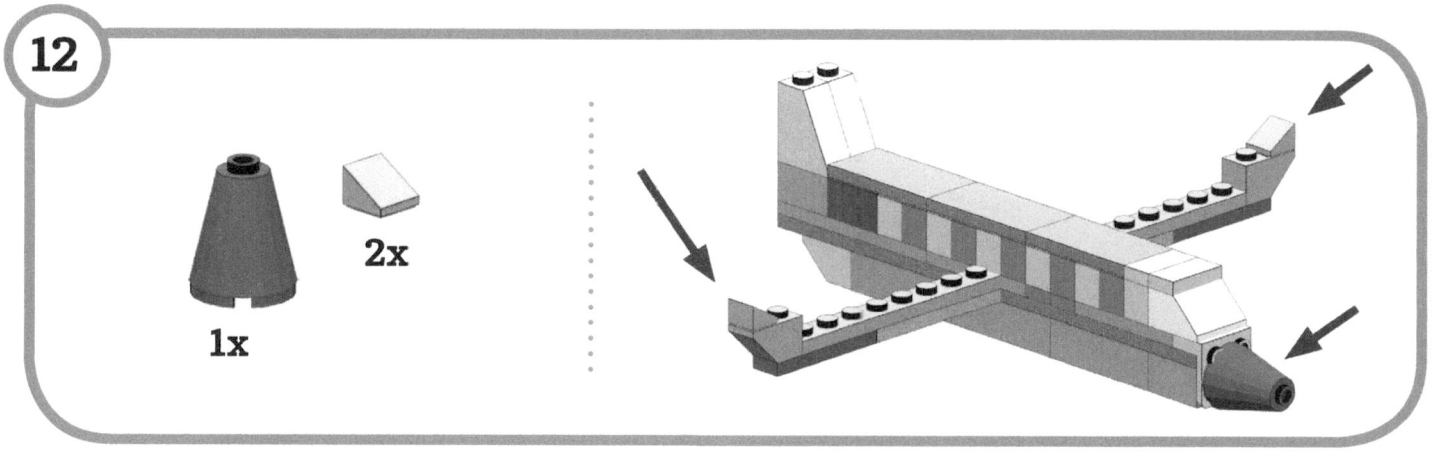
12
2x
1x

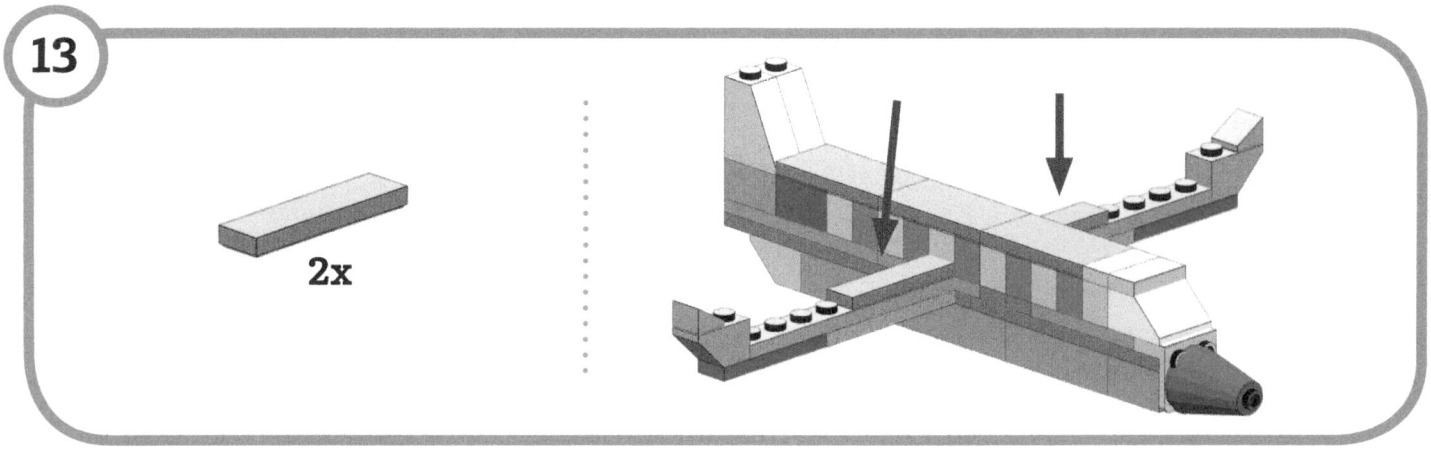

Build a White Plane

4x

4x

8x

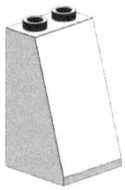
1x

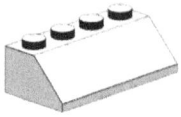
6x

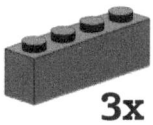
3x

2x

4x

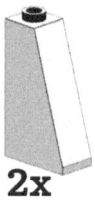
2x

5x

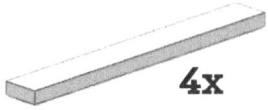
4x

3x

4x

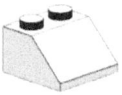
1x

5x

2x

1x

1x

2x

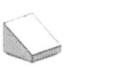
4x

1x

1x

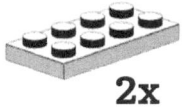
2x

4x

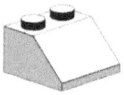
3x

1x

1x

3x

2x

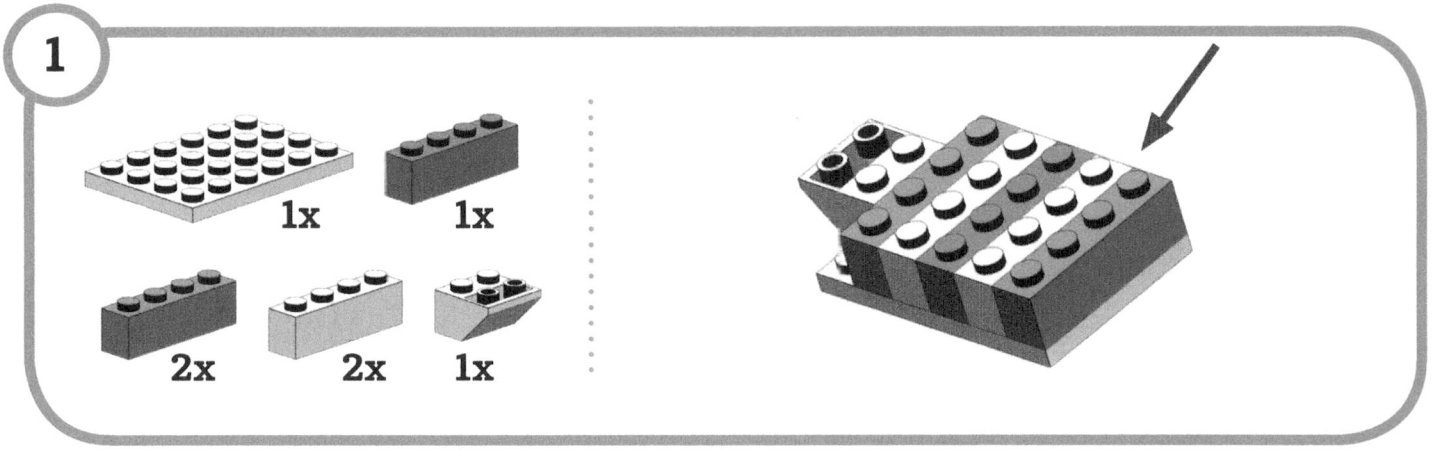
1
1x
1x
2x
2x
1x

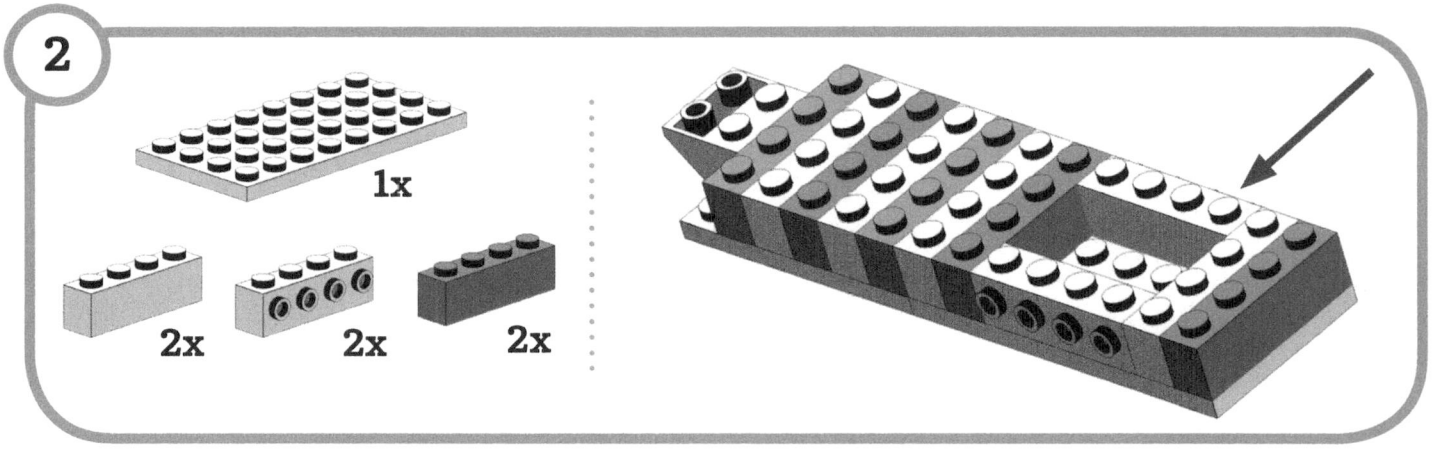
2
1x
2x
2x
2x

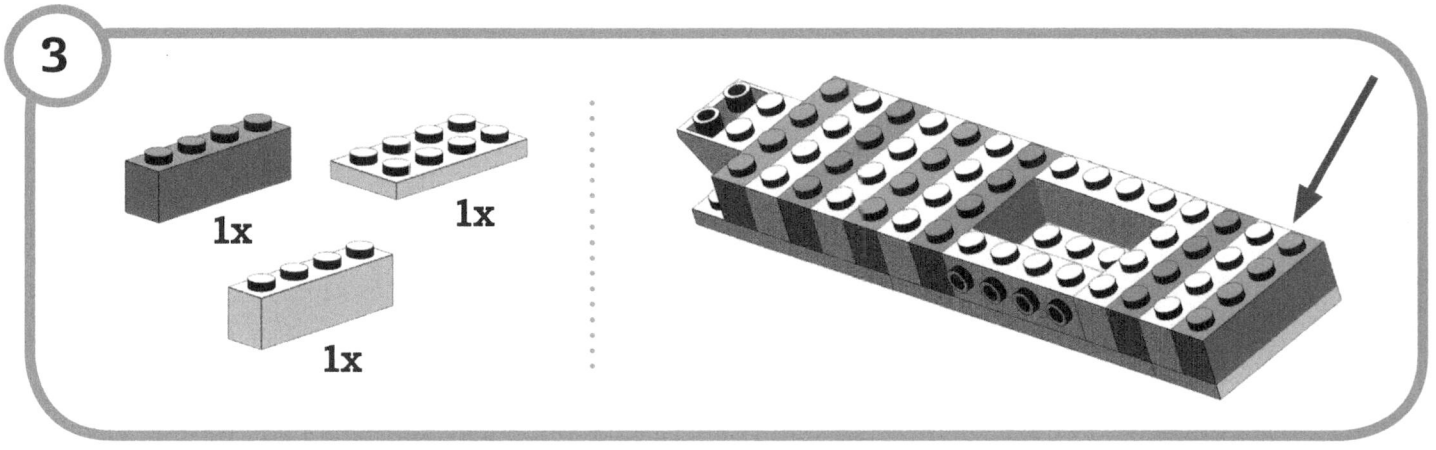
3
1x
1x
1x

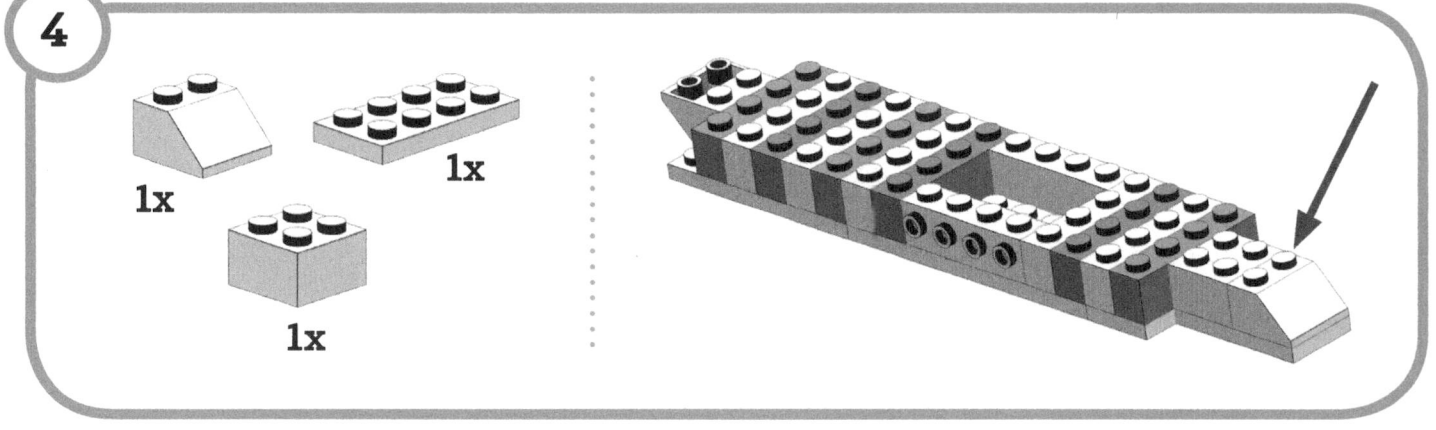
4
1x
1x
1x

5

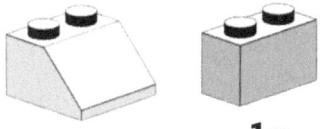

1x

1x

6

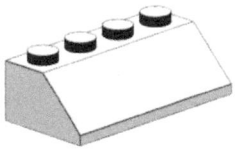

6x

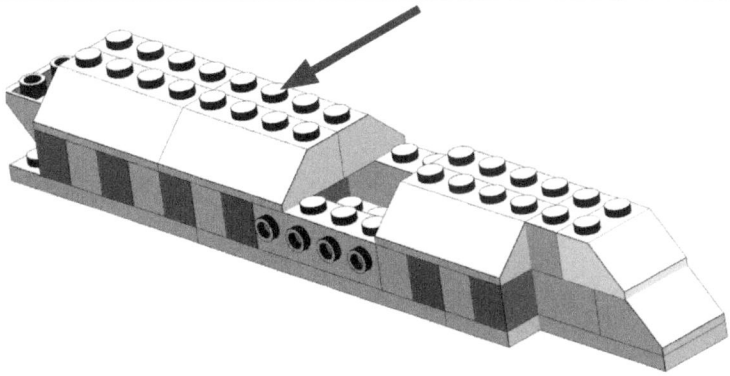

7

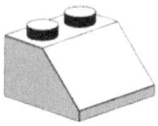

2x

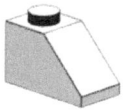

2x

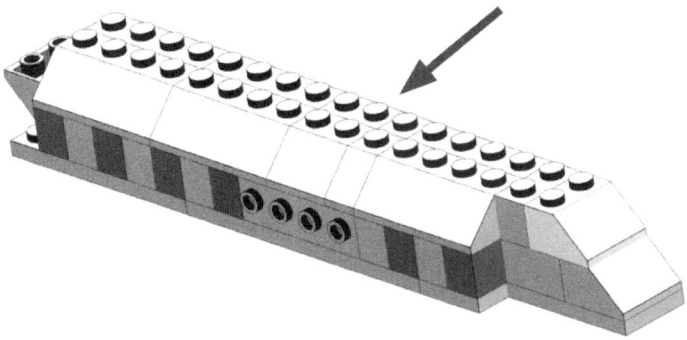

8

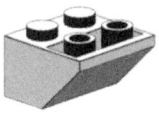

1x

1x

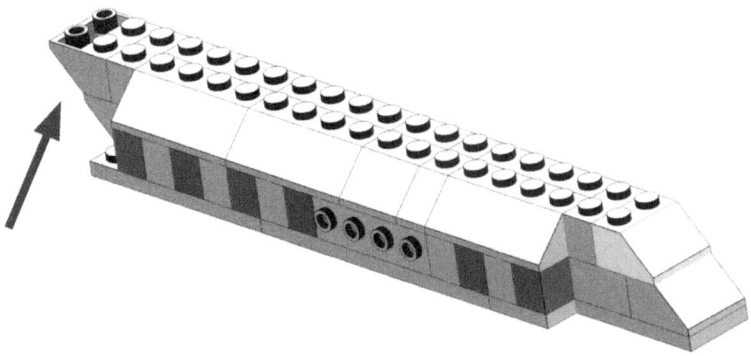

9

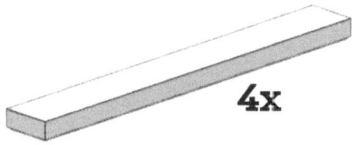

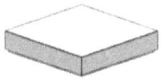

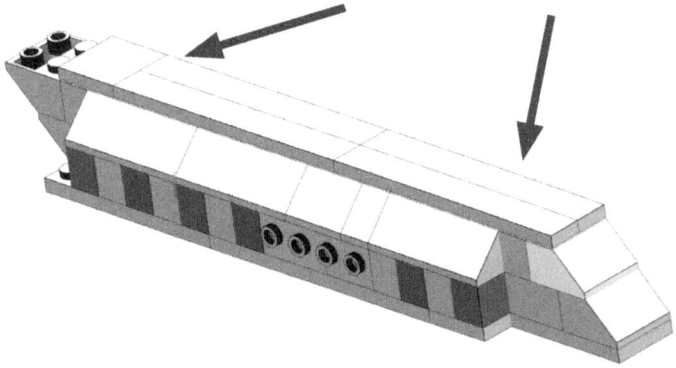

10

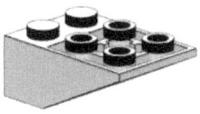

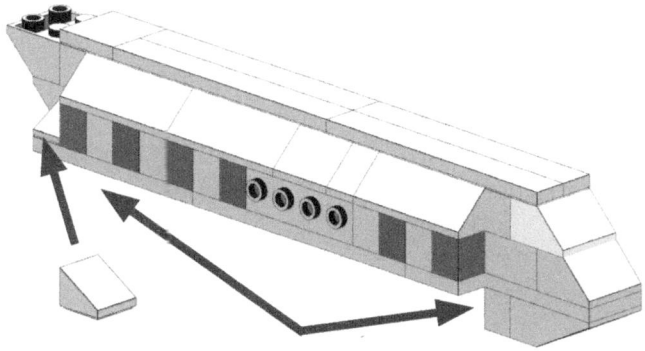

11

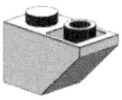

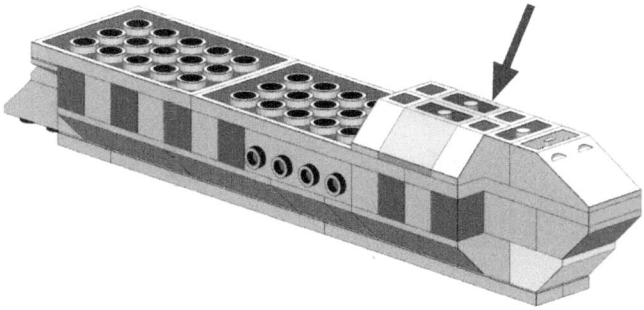

12

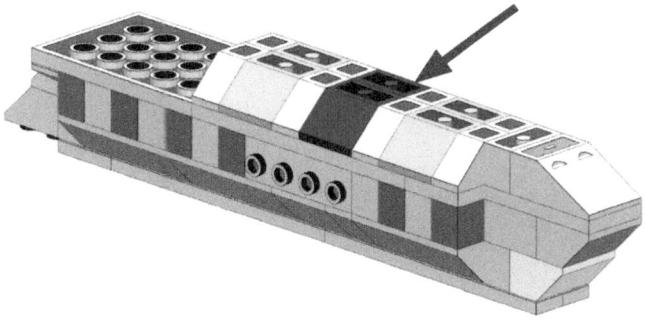

13

2x

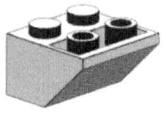

3x

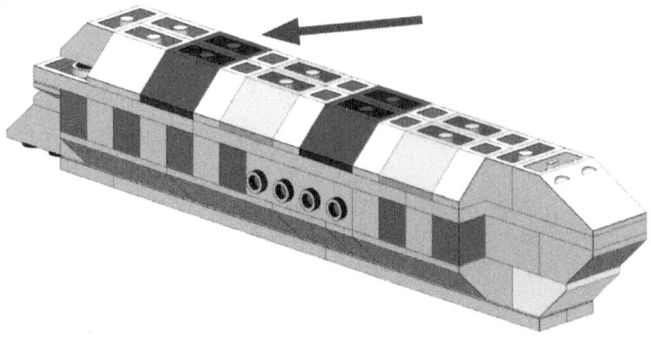

14

4x

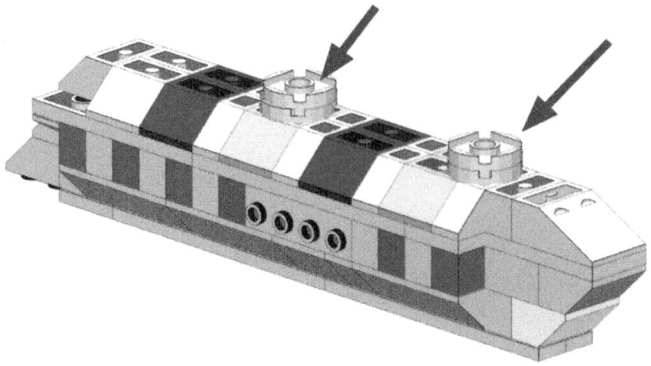

15

4x

2x

4x

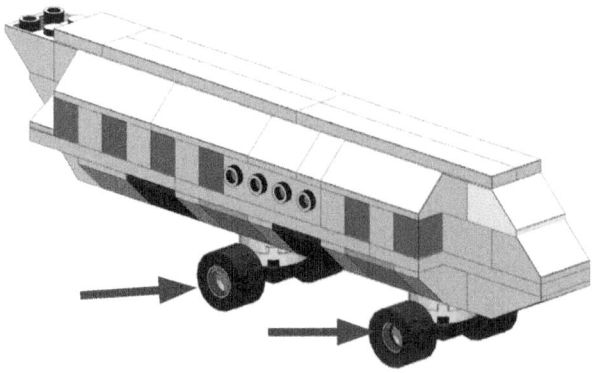

16

4x

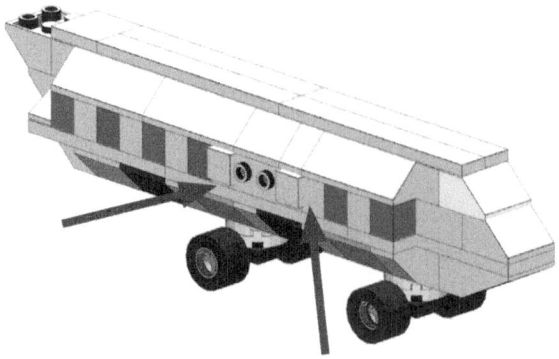

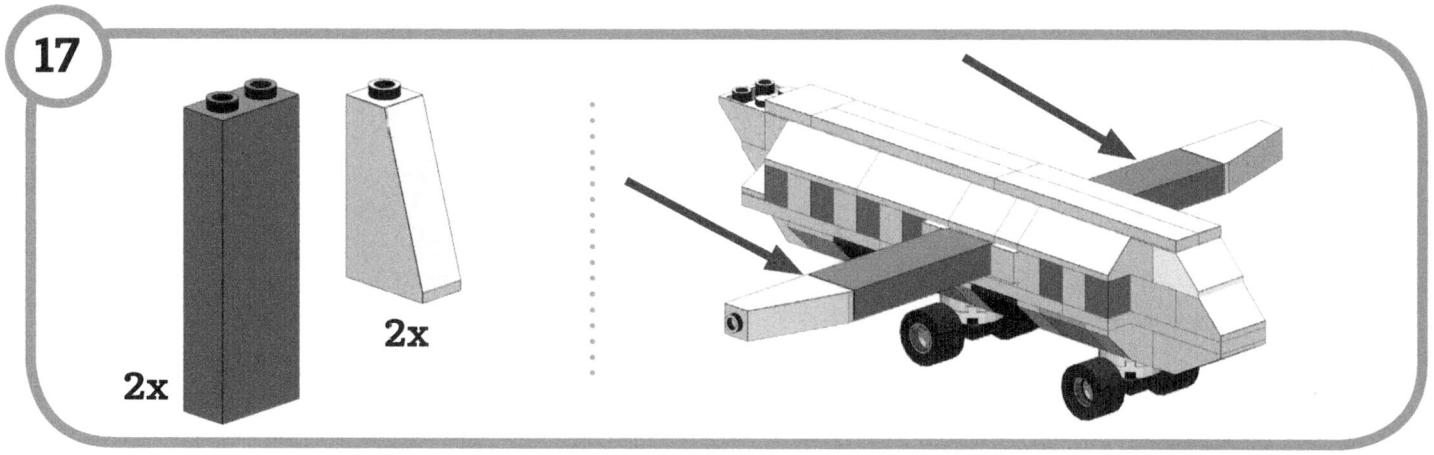
17
2x
2x

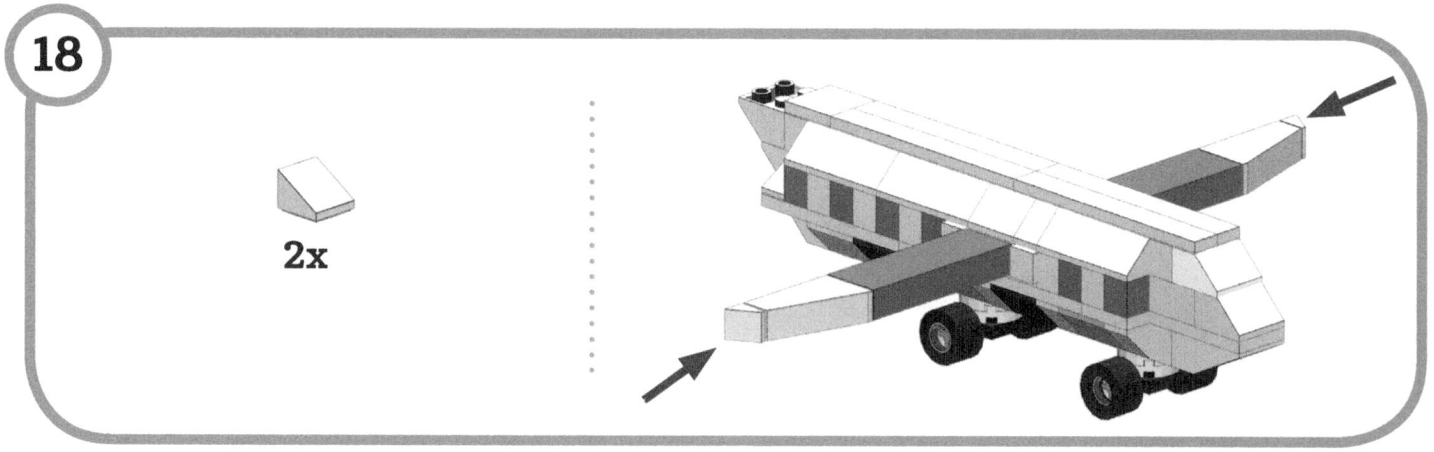
18
2x

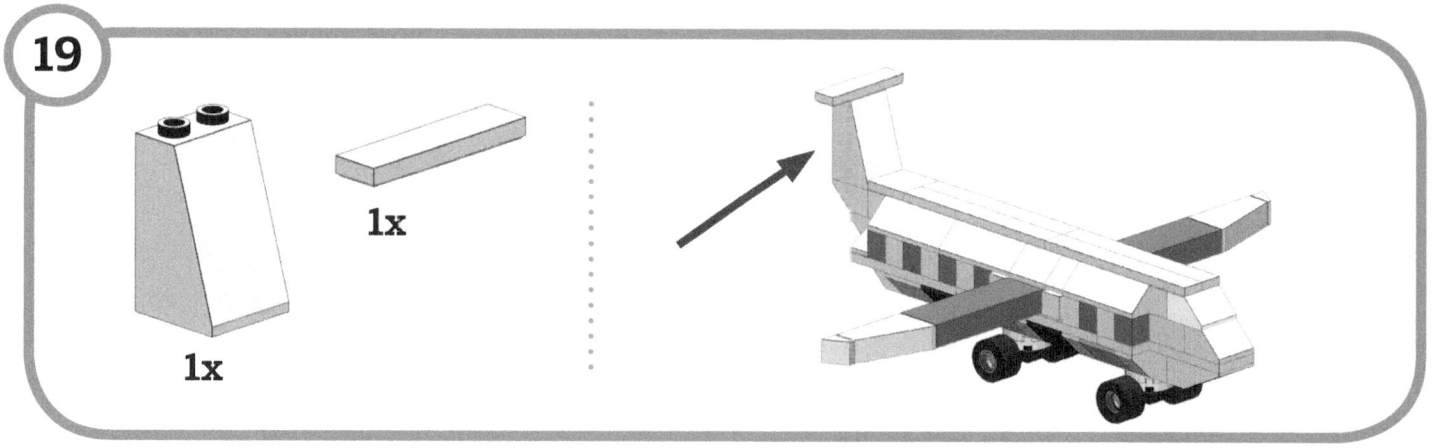
19
1x
1x

Ready for Liftoff

Pink Jet
Blue Helicopter
Prop Plane
Green Prop Plane

Build a Purple Glider

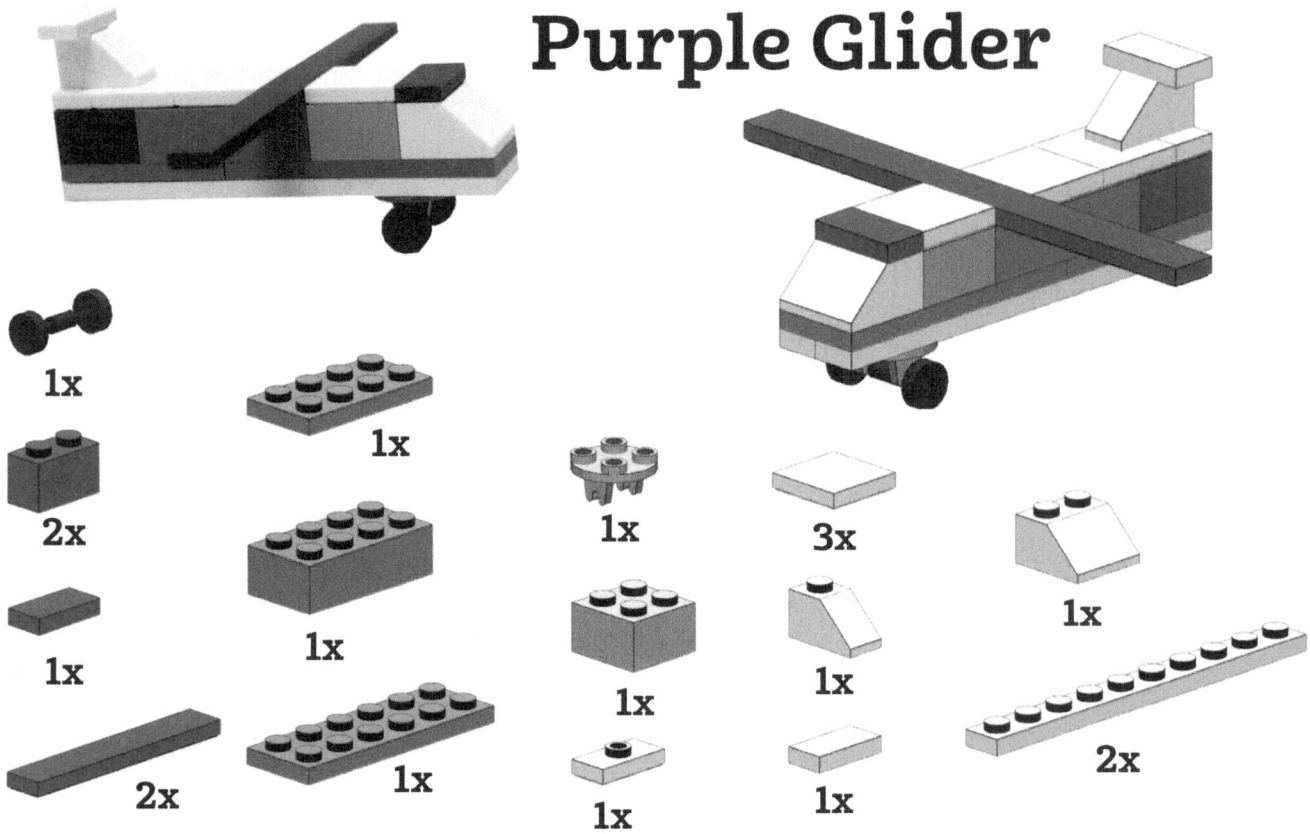

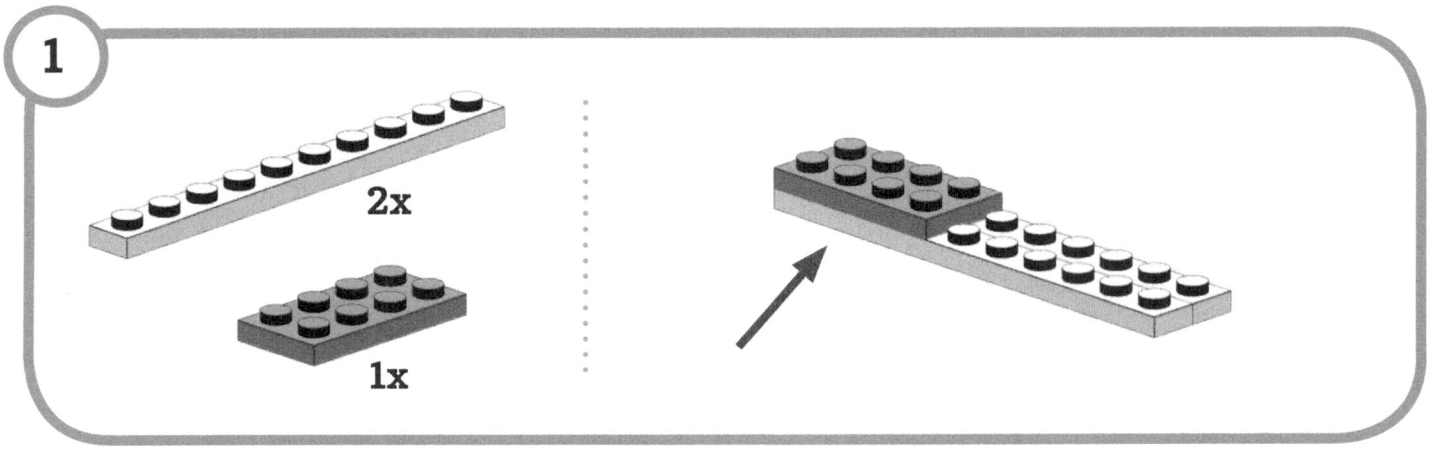

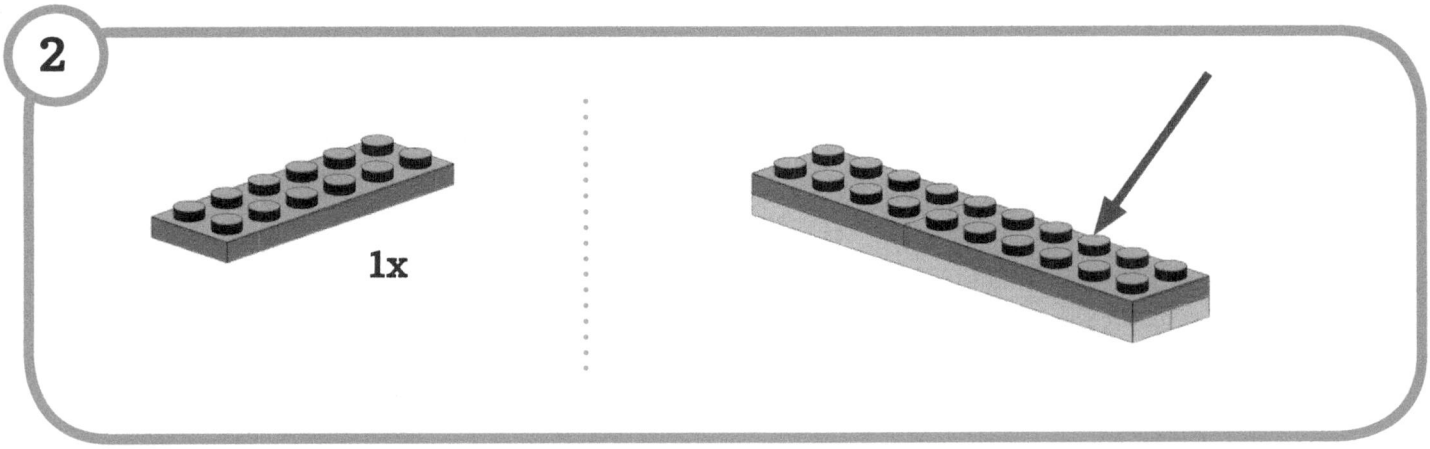

3

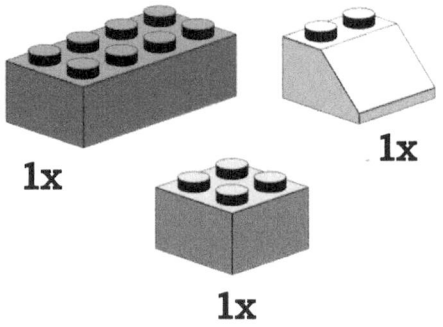

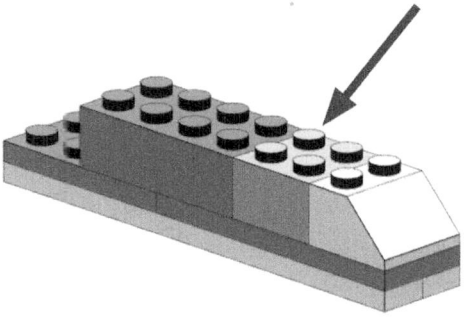

4

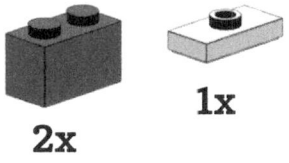

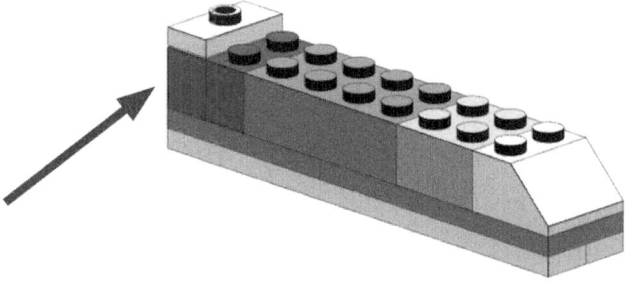

5

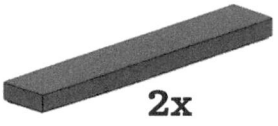

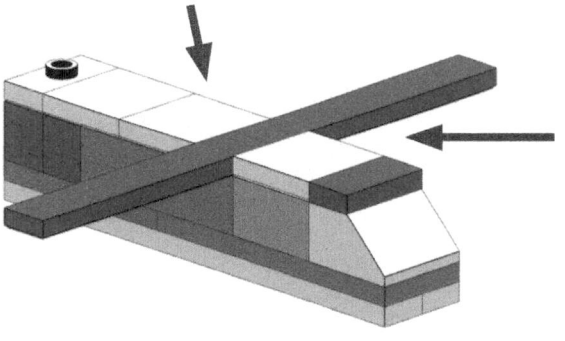

6

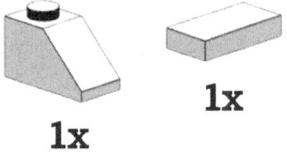

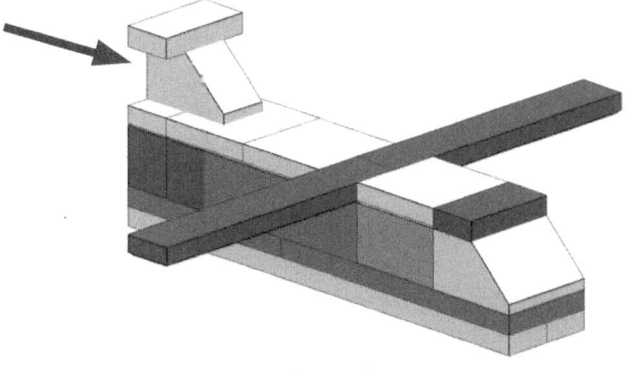

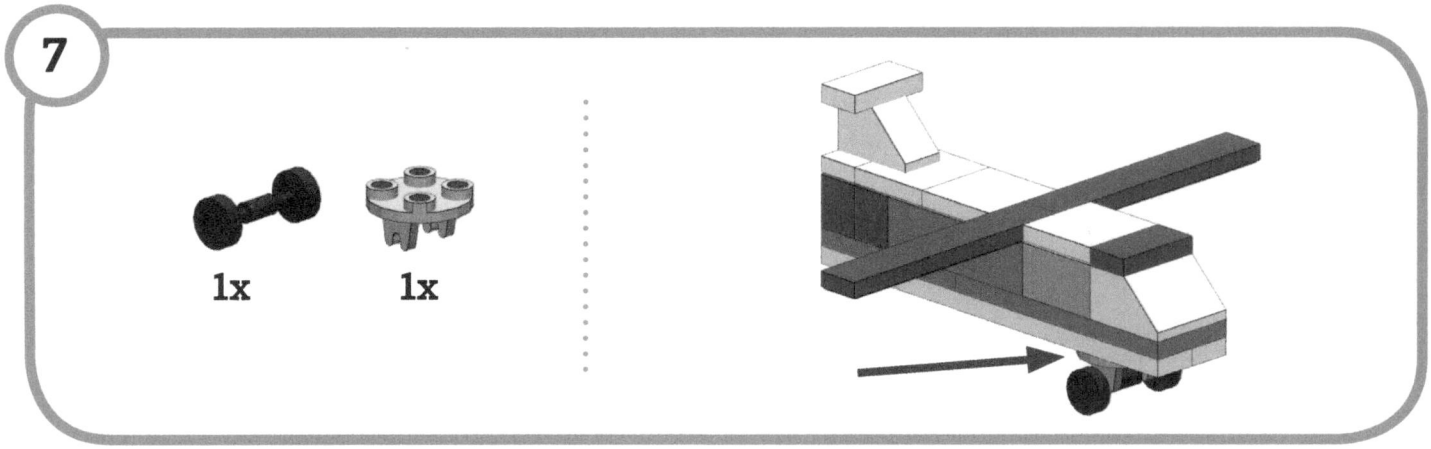

Build a Blue Helicopter

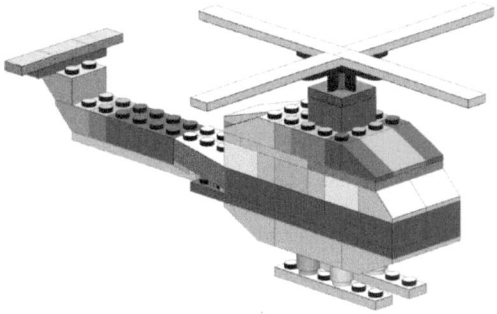

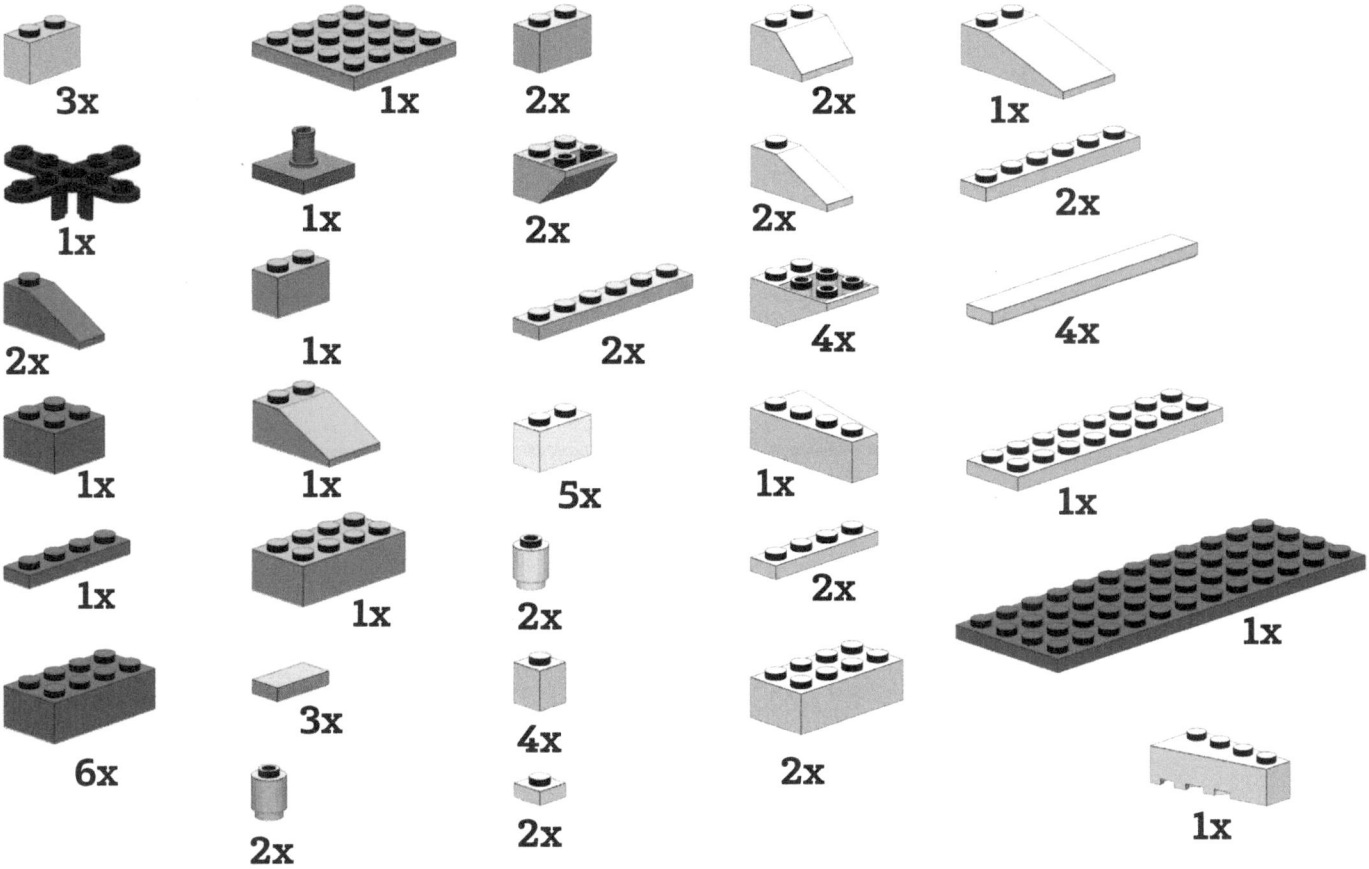

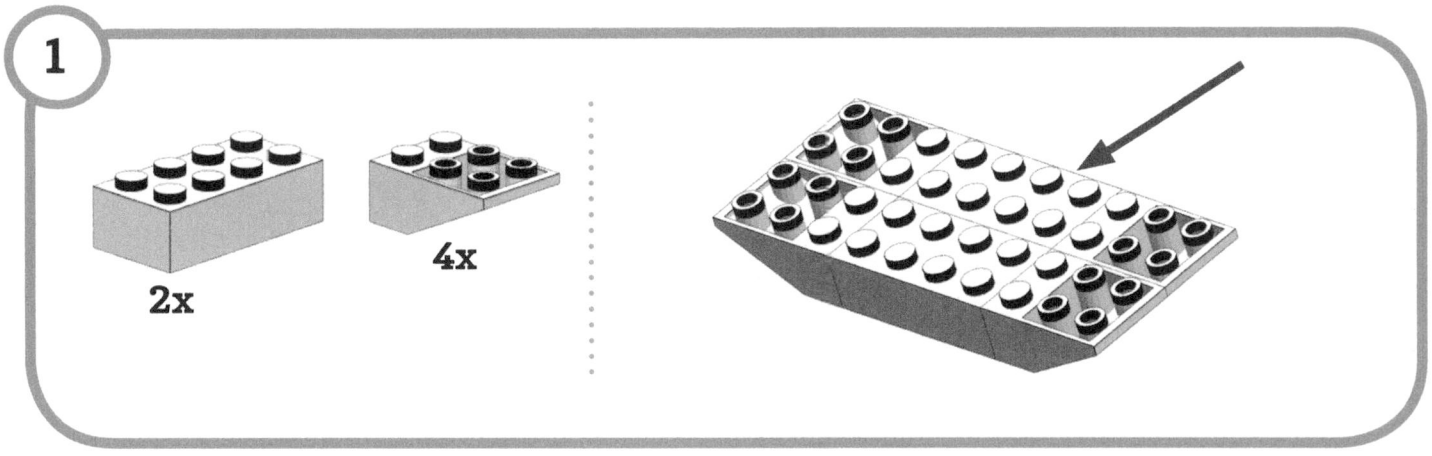
1
2x
4x

2
1x
5x

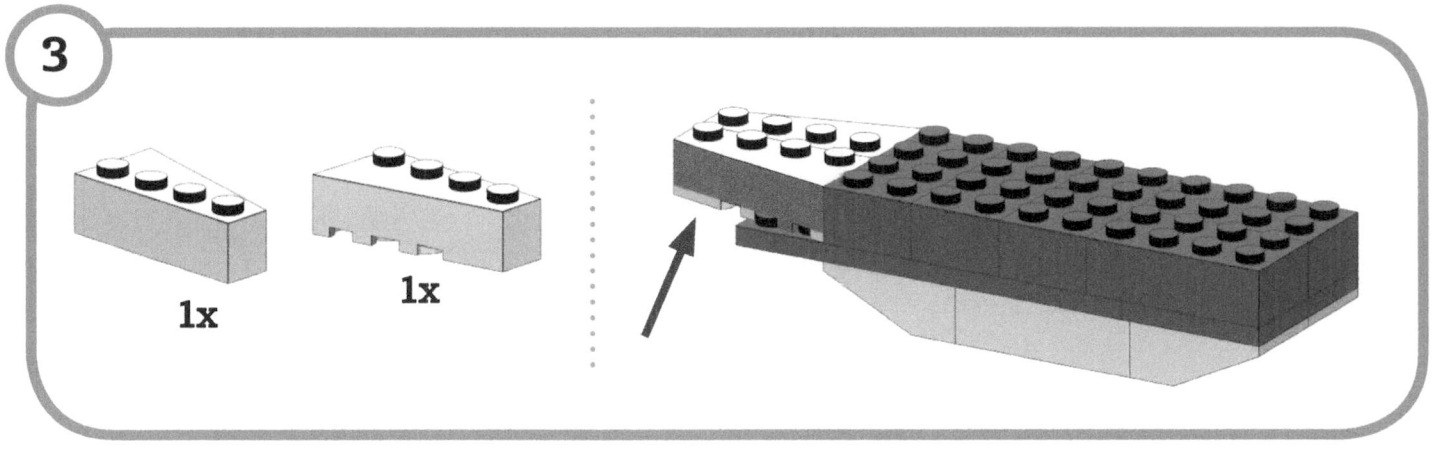
3
1x
1x

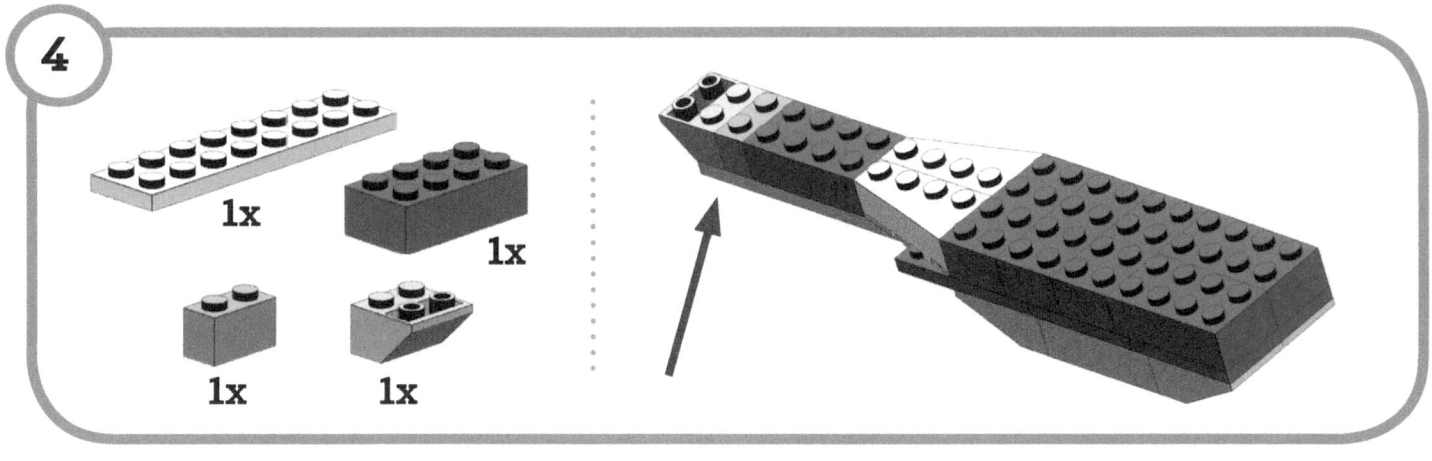
4
1x
1x
1x
1x

5

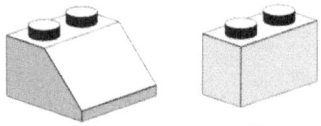

2x 2x

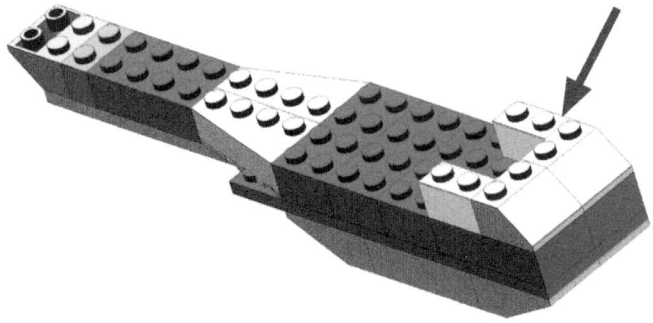

6

4x

7

1x 2x

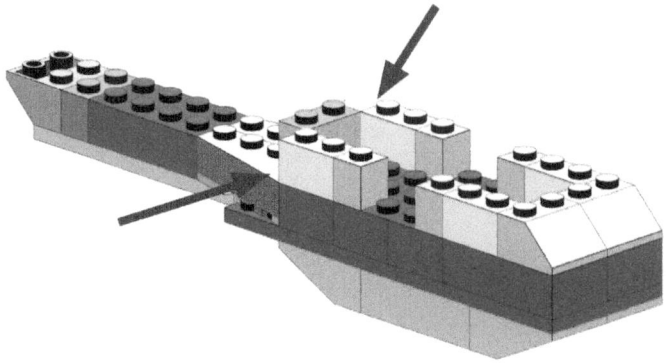

8

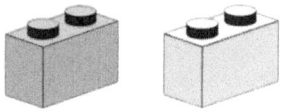

2x 1x

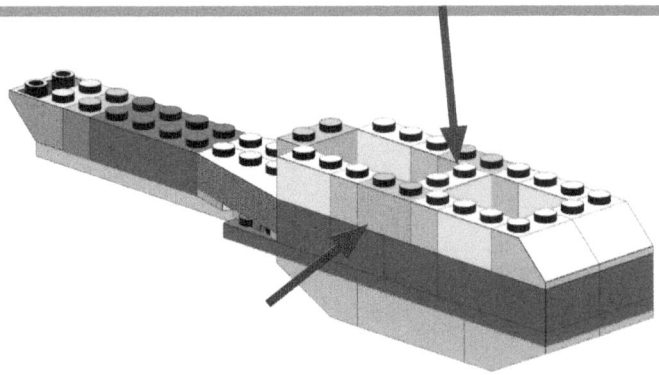

9

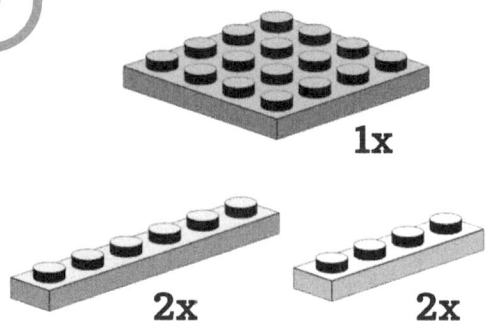

10

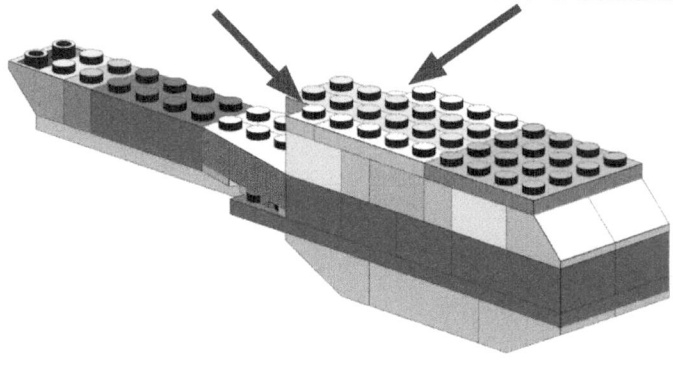

11

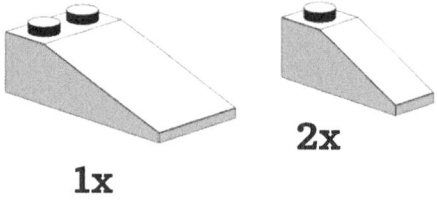

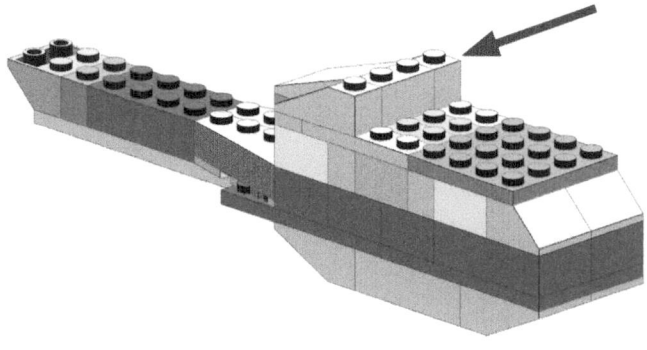

12

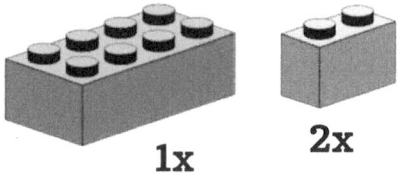

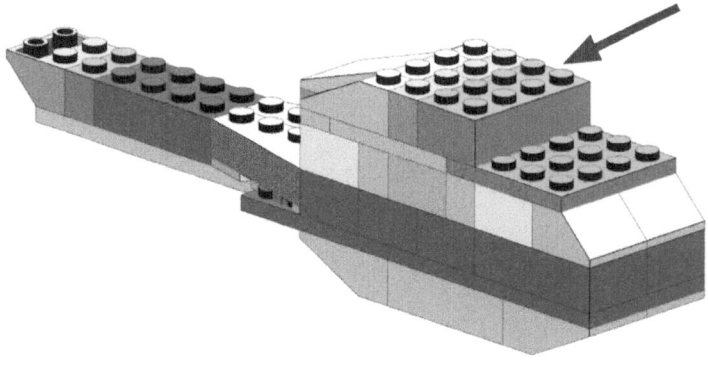

13

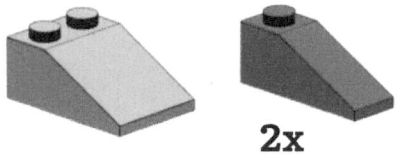

1x

2x

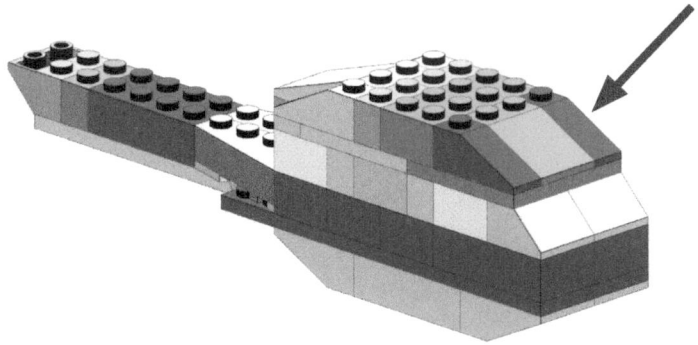

14

1x

1x

1x

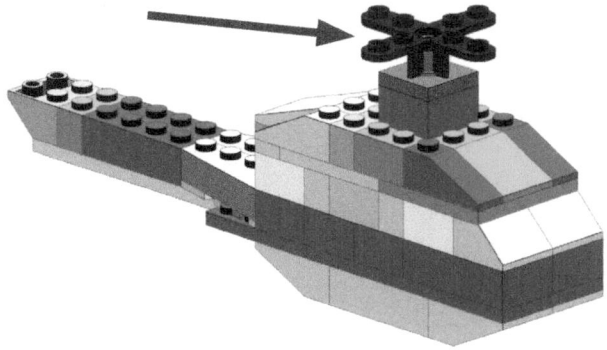

15

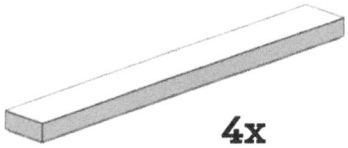

4x

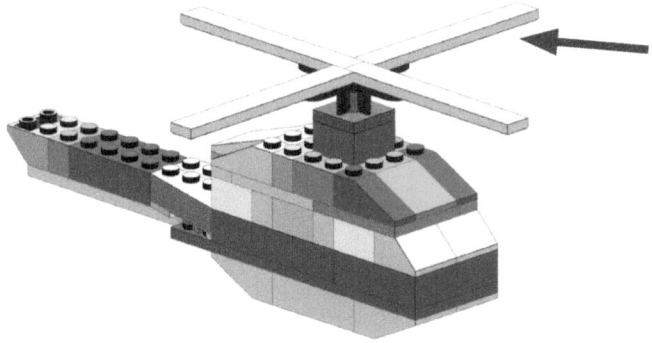

16

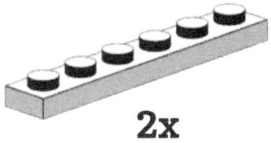

2x

2x

2x

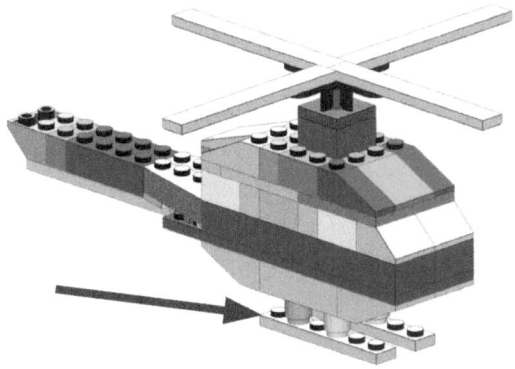

17

1x

1x

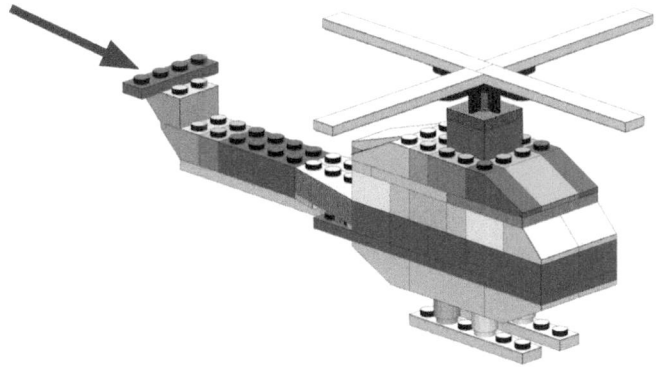

18

3x

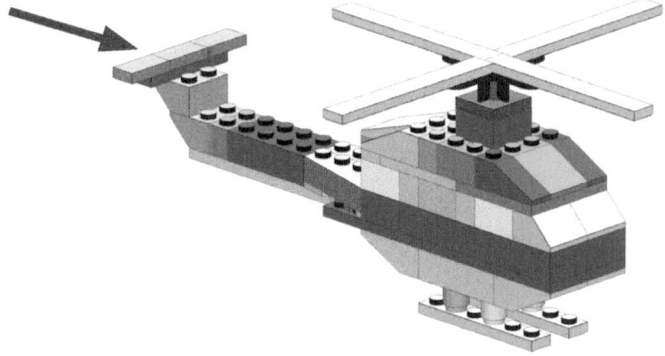

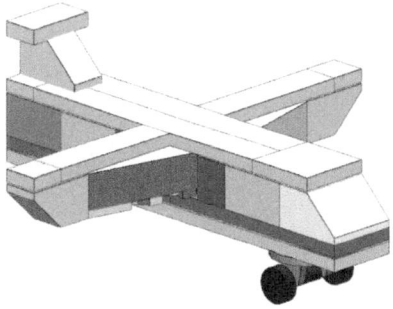

Build a Pink Jet

4x

1x

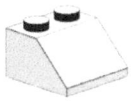

1x

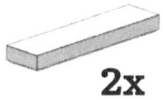

2x

1x

1x

2x

1x

1x

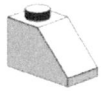

1x

2x

2x

1x

1x

2x

1x

2x

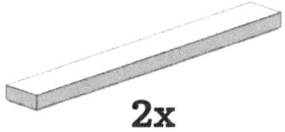

2x

1x

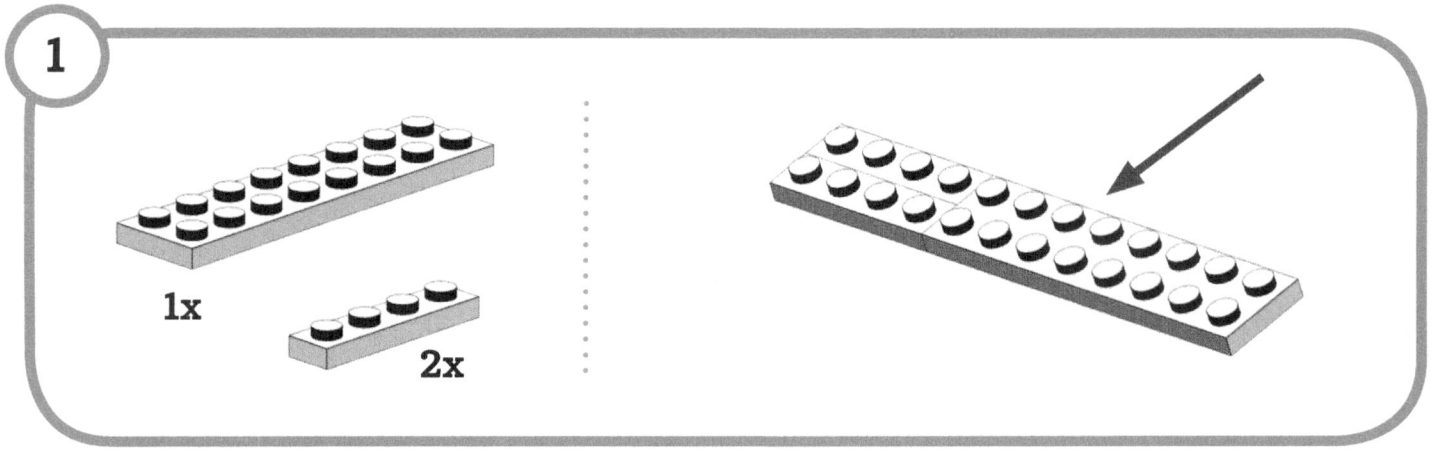
1
1x
2x

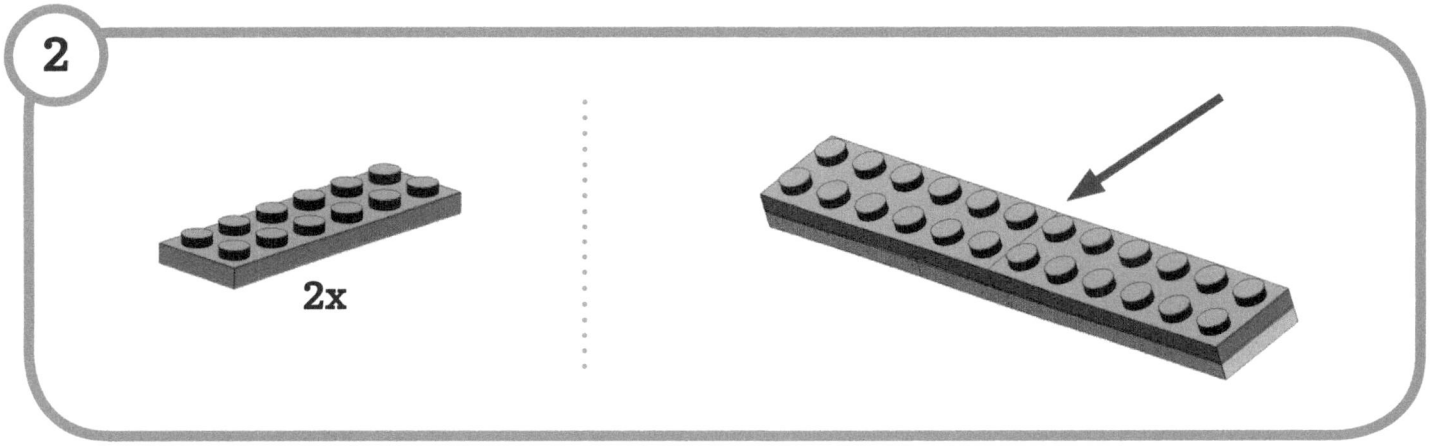
2
2x

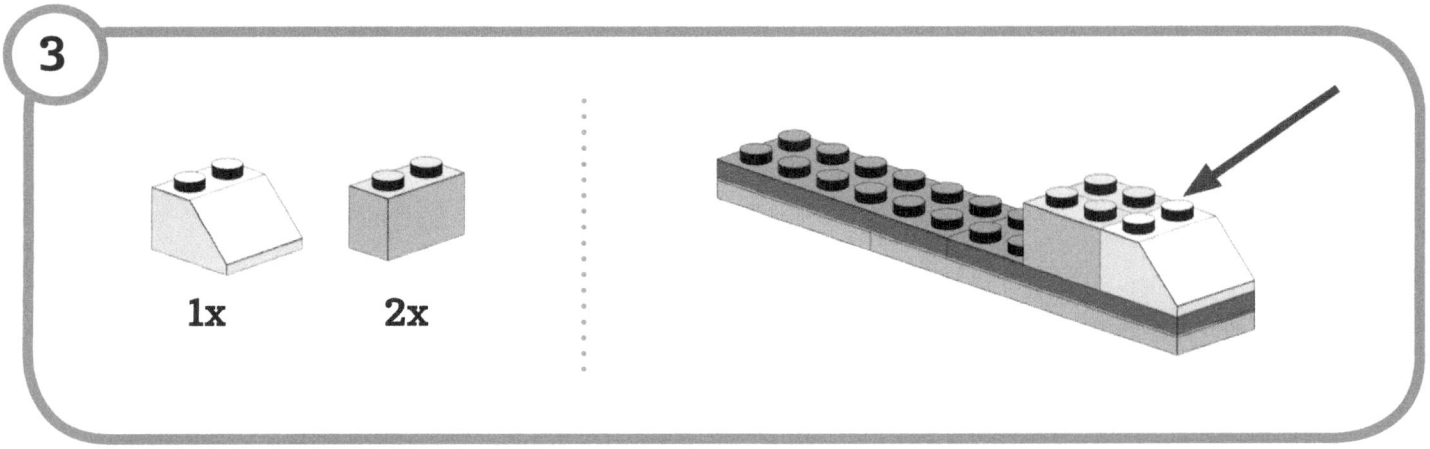
3
1x
2x

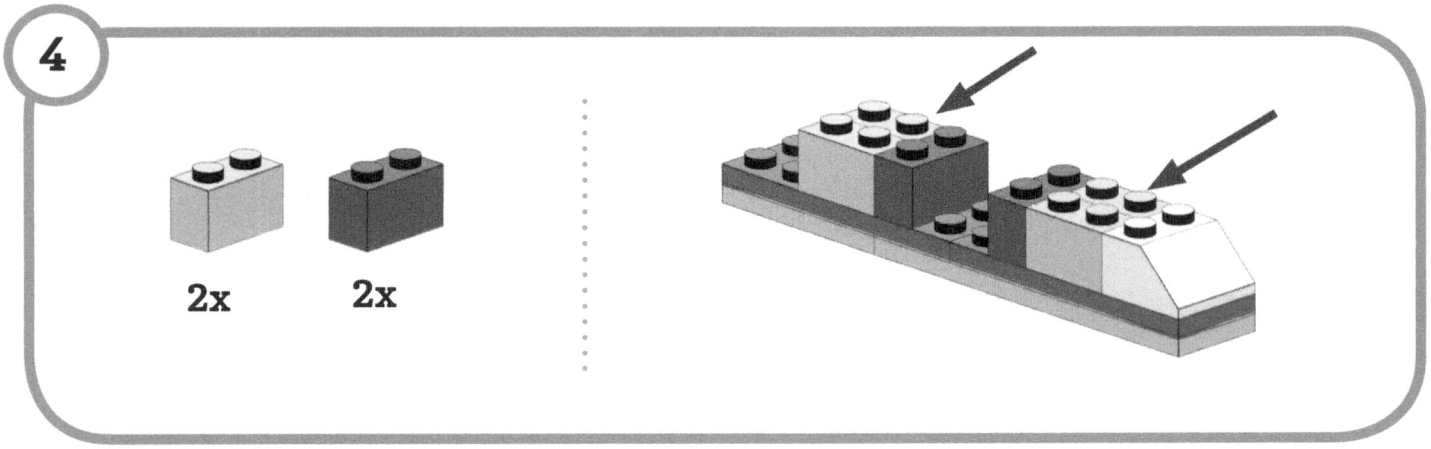
4
2x
2x

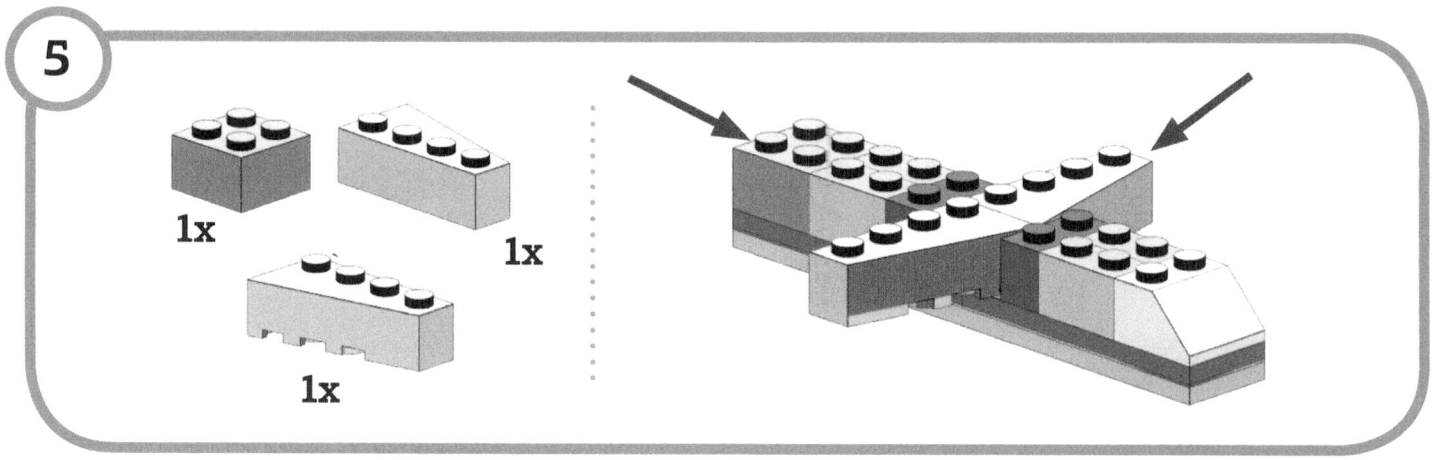
5
1x
1x
1x

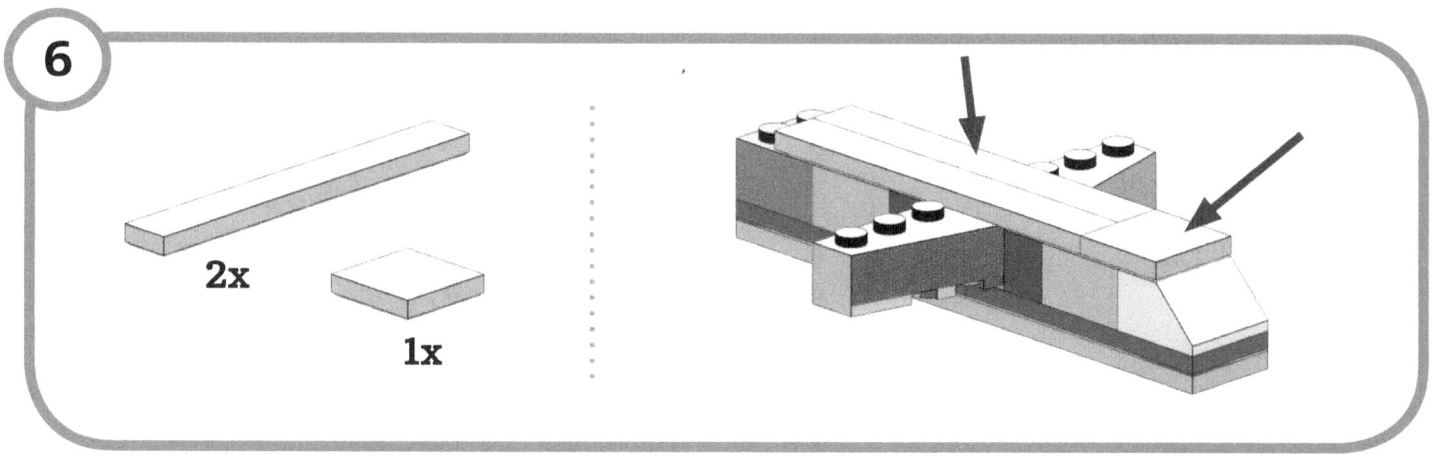
6
2x
1x

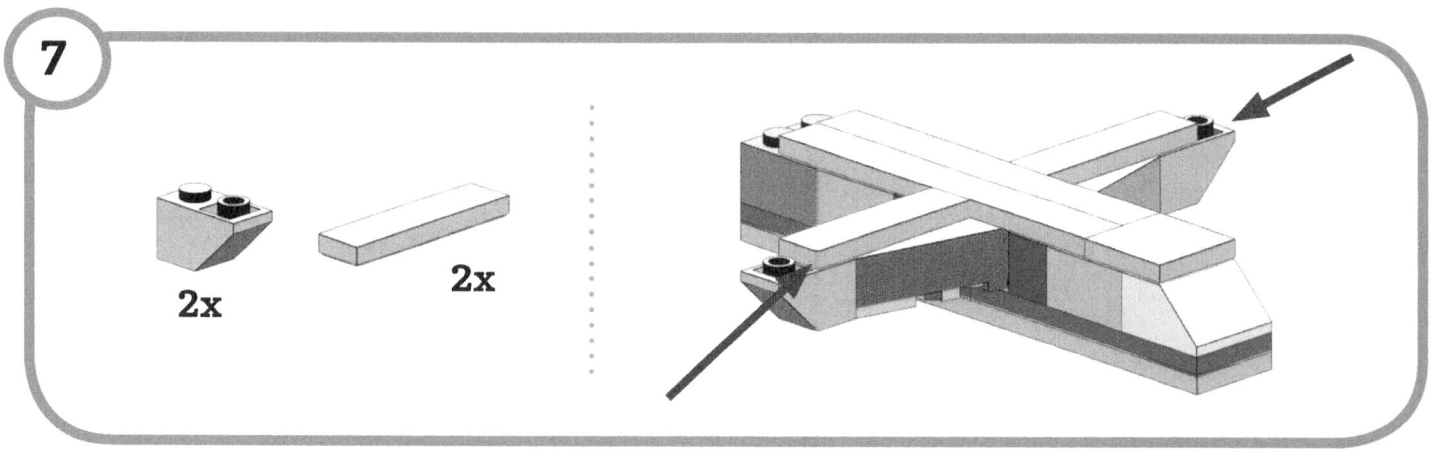
7
2x
2x

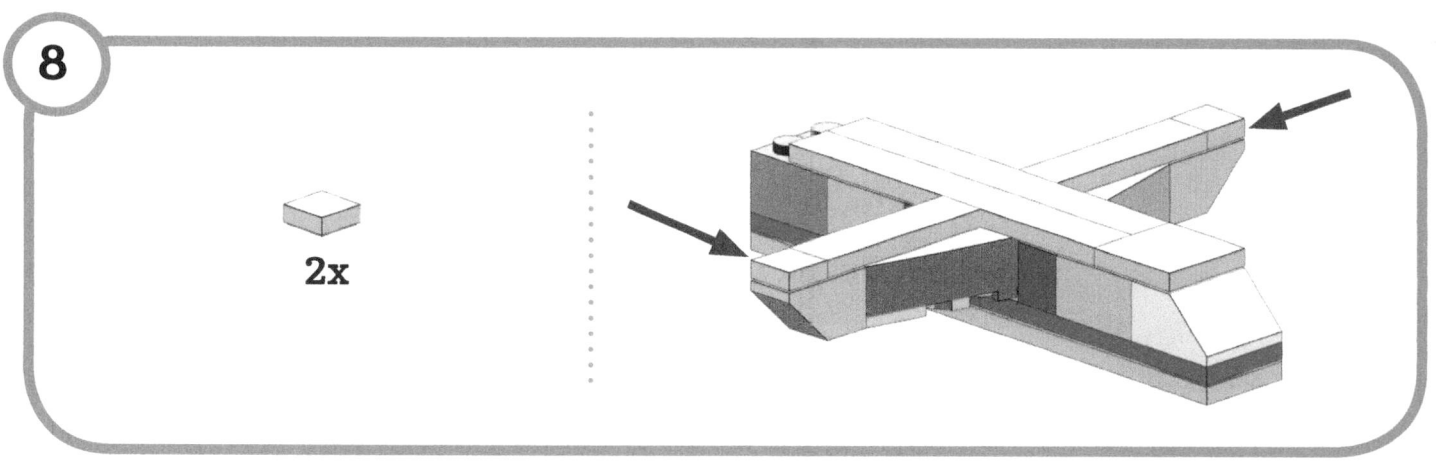
8
2x

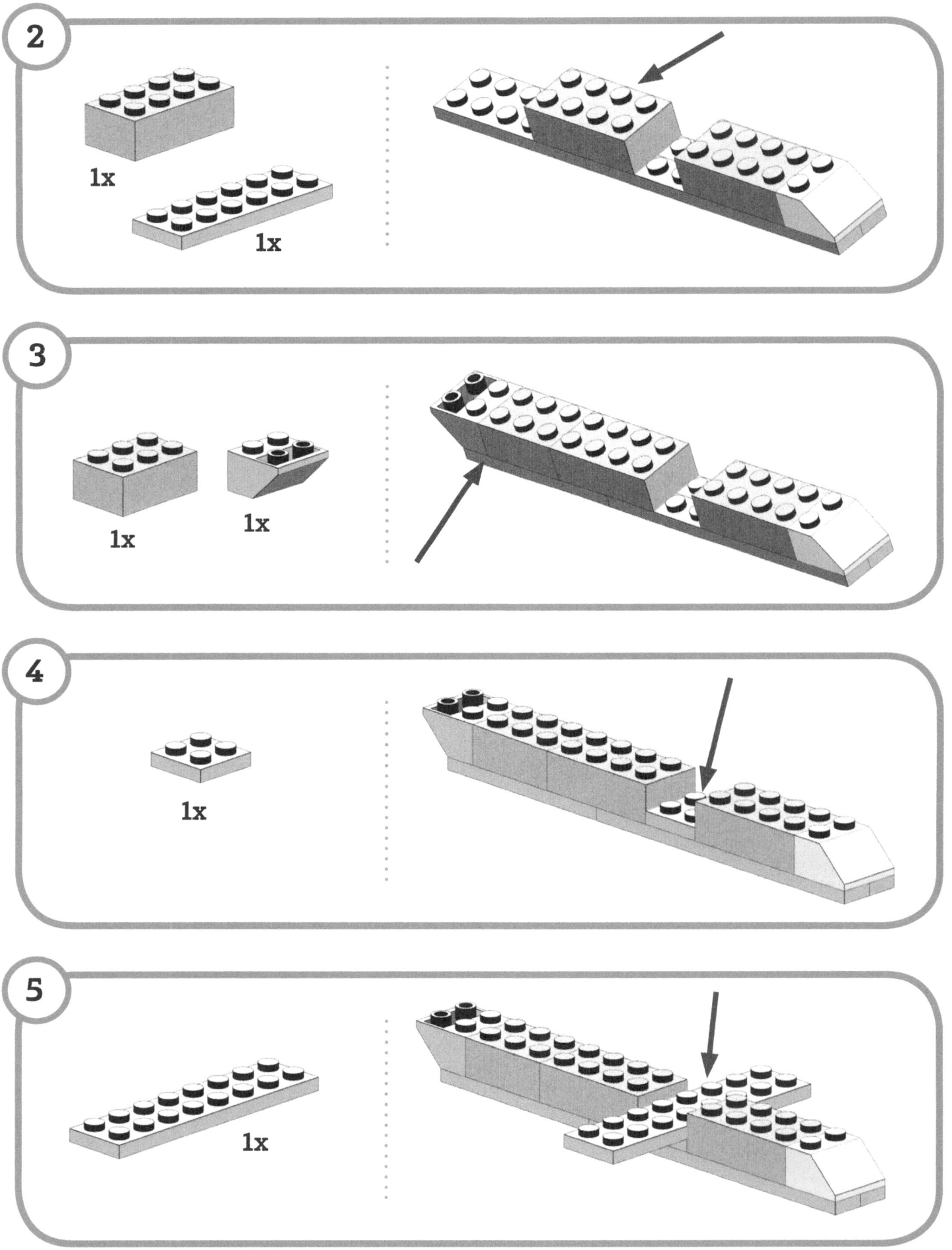
2
1x
1x
3
1x
1x
4
1x
5
1x

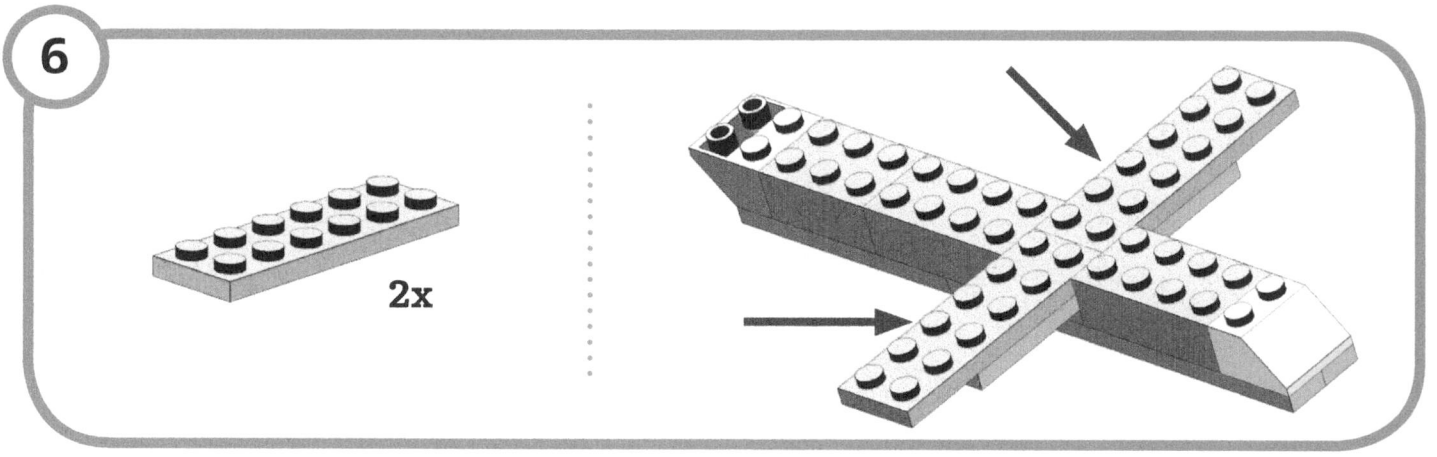
6
2x

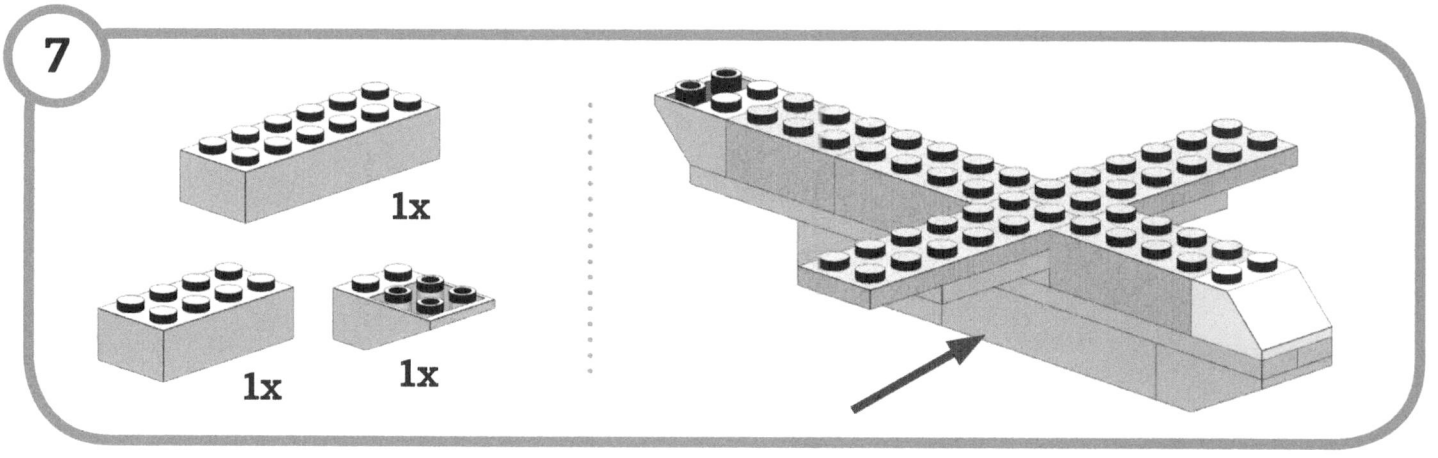
7
1x
1x
1x

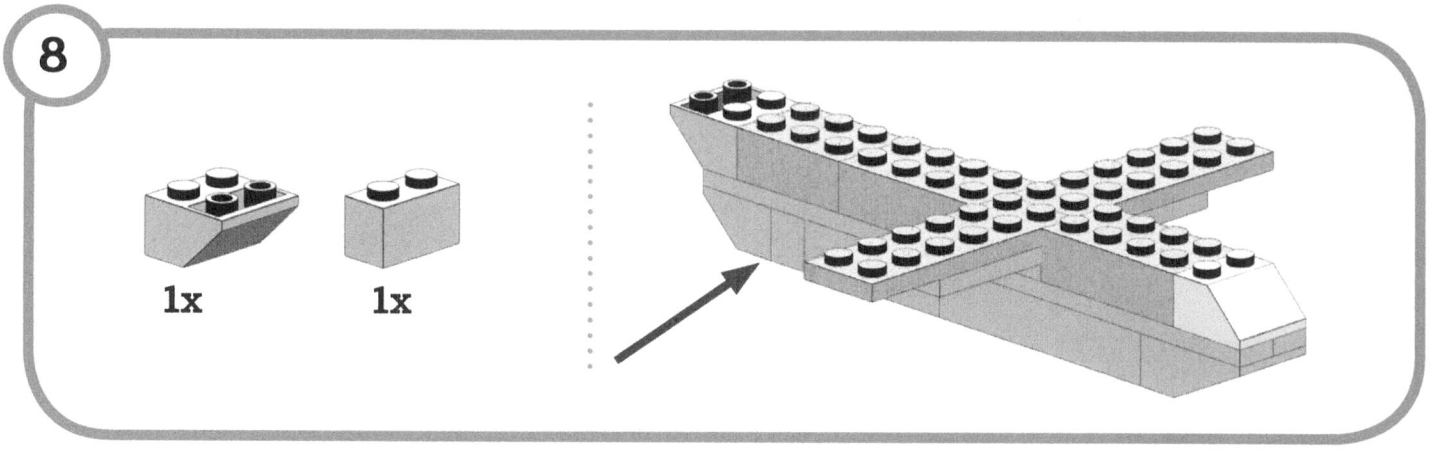
8
1x
1x

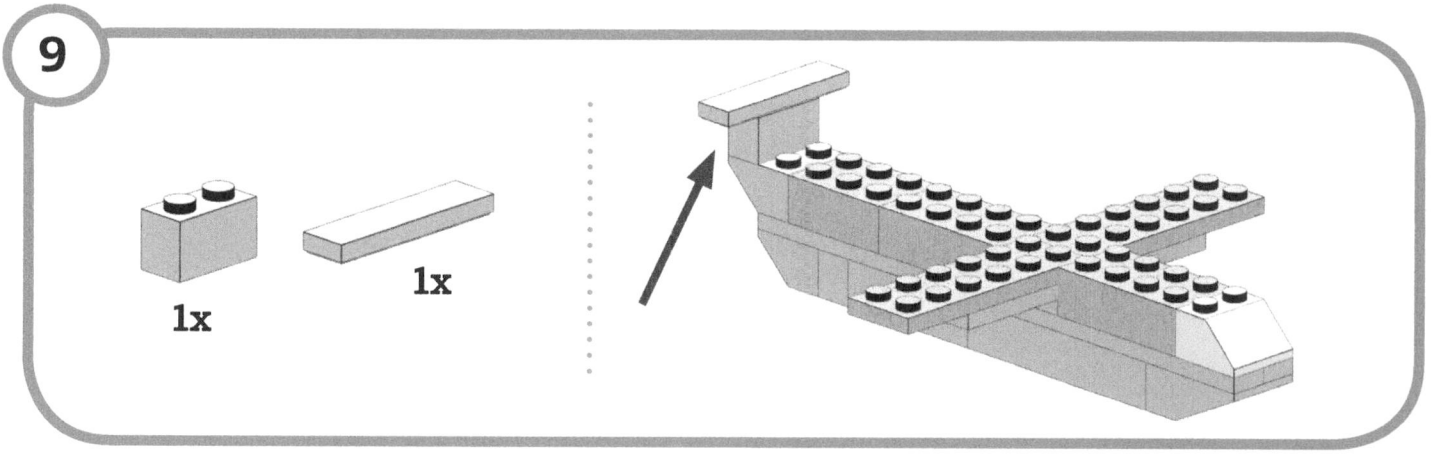
9
1x
1x

10

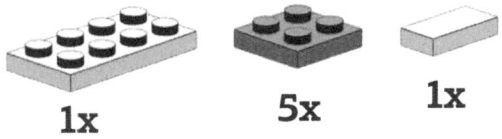

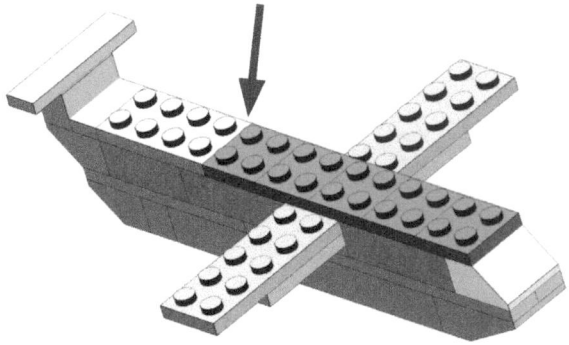

11

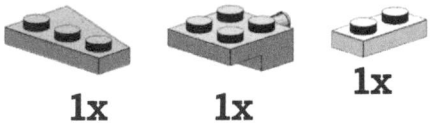

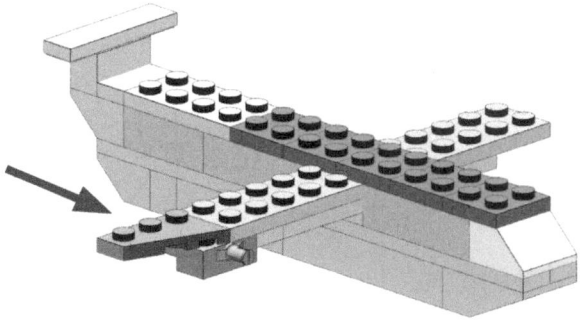

12

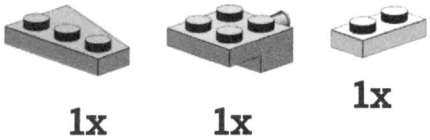

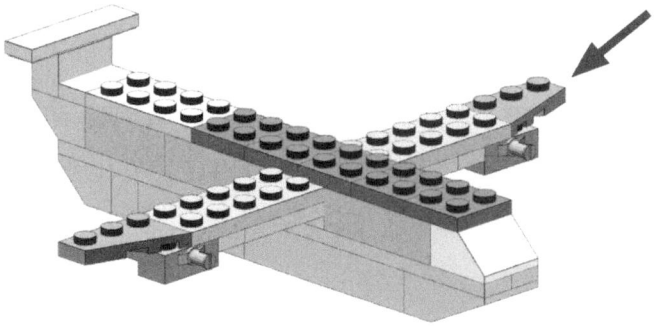

13

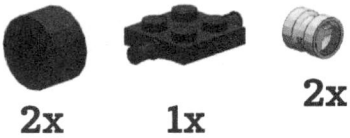

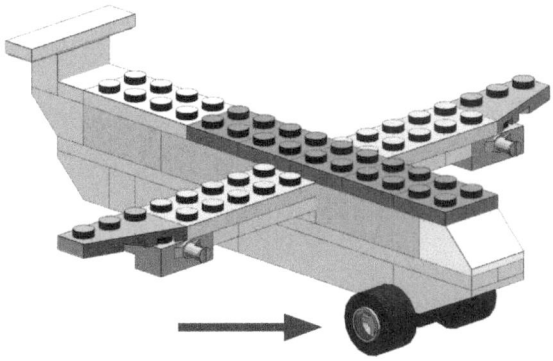

14

2x

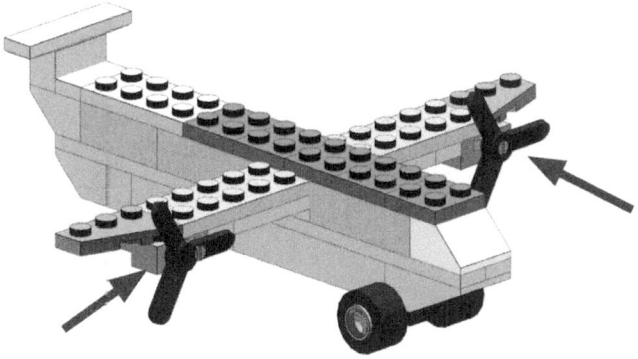

Build a Rocket

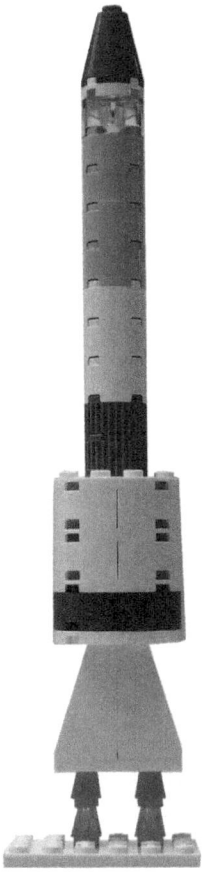

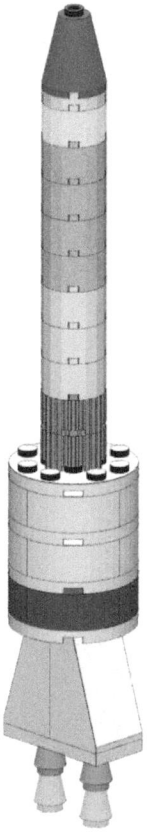

4x

1x

2x

2x

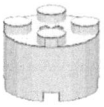

1x

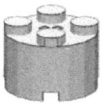

4x

1x

2x

8x

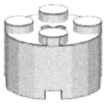

3x

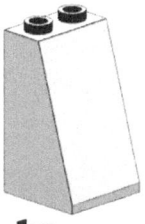

1x

1x

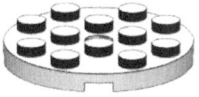

4x

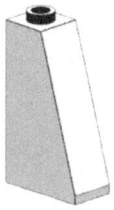

2x

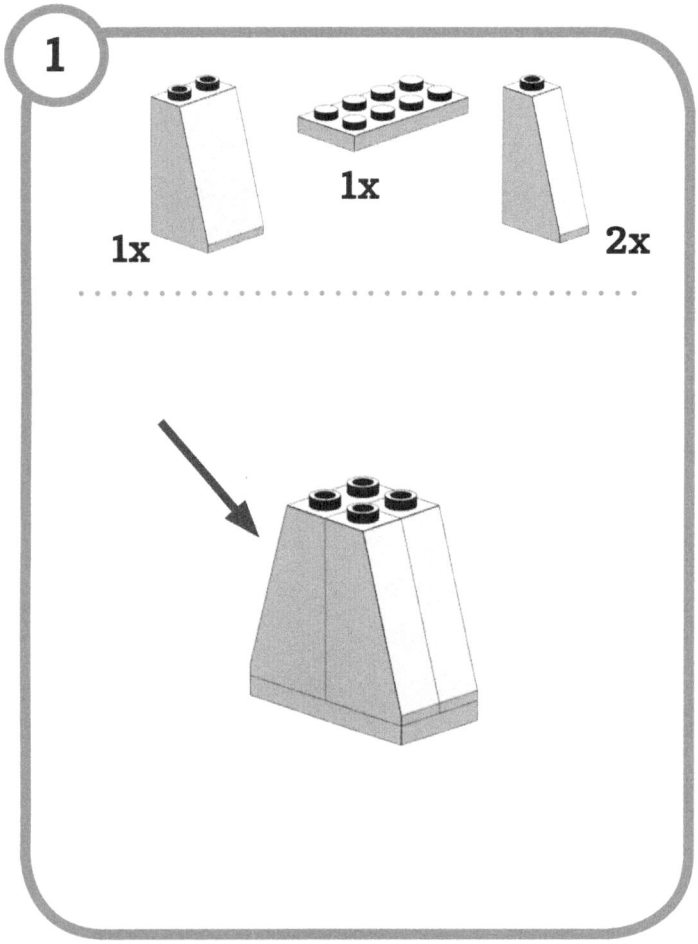
1
1x
1x
2x

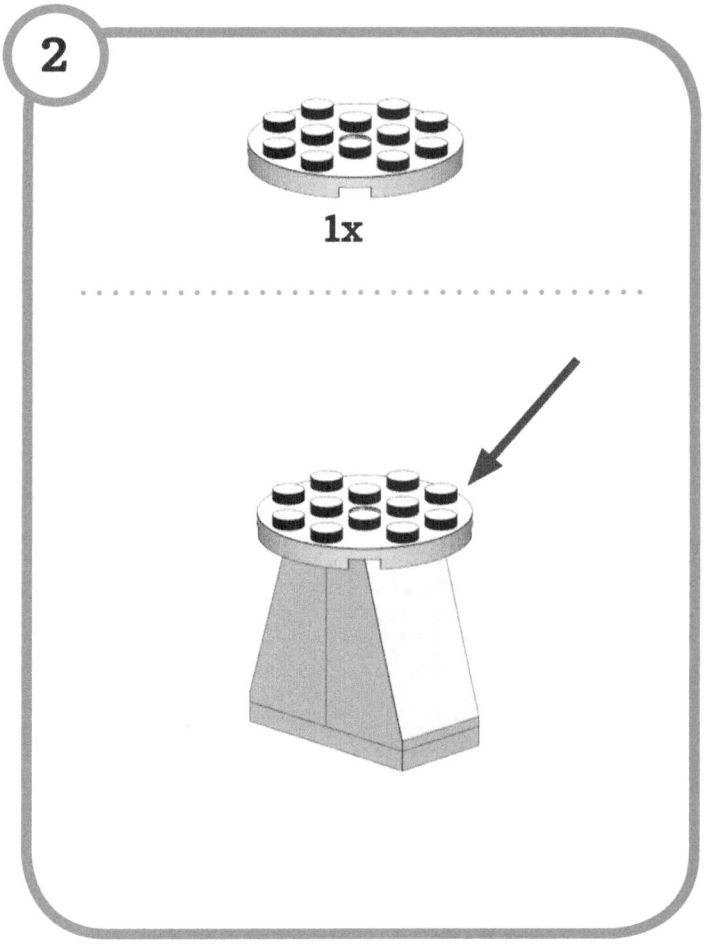
2
1x

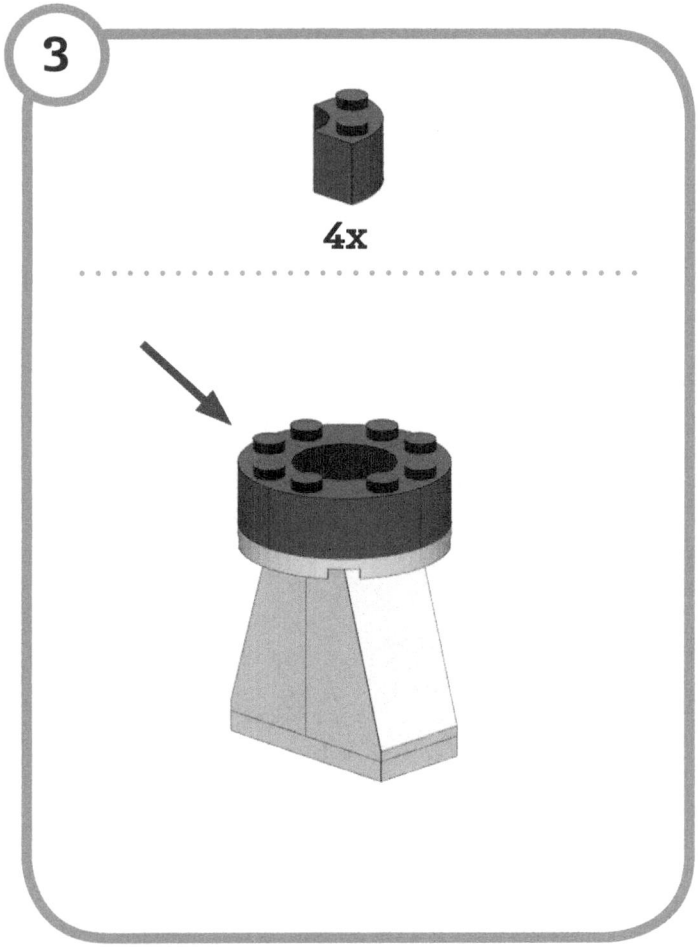
3
4x

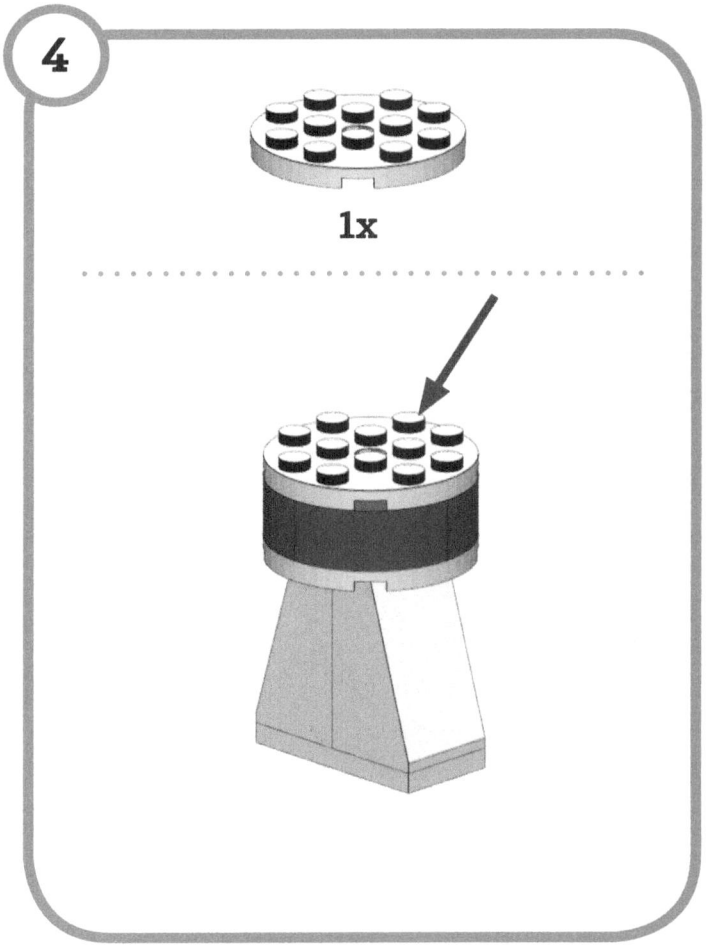
4
1x

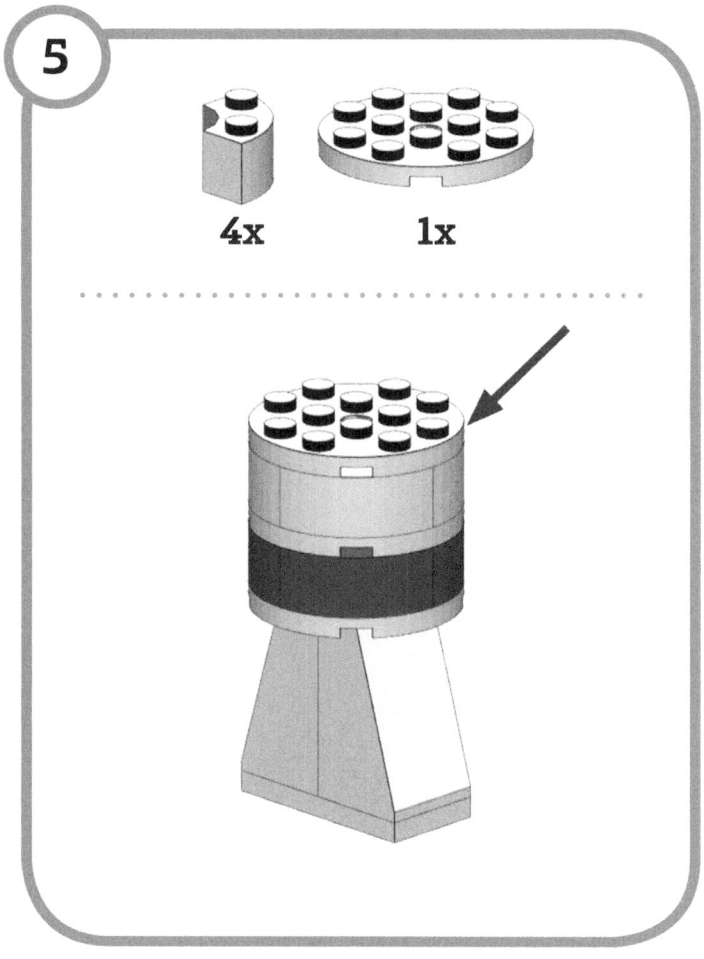
5
4x
1x

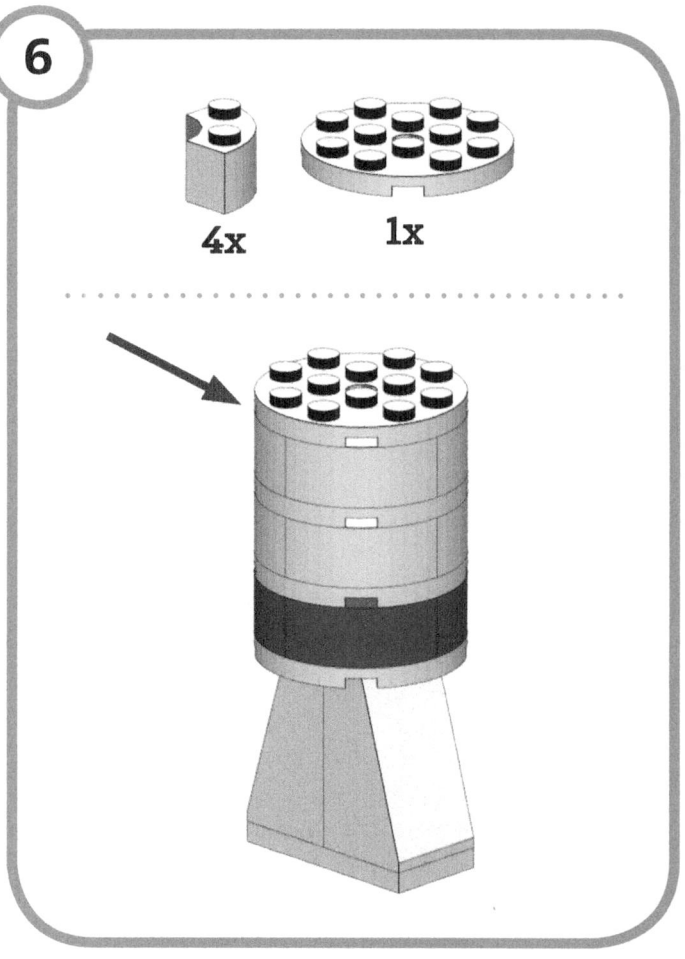
6
4x
1x

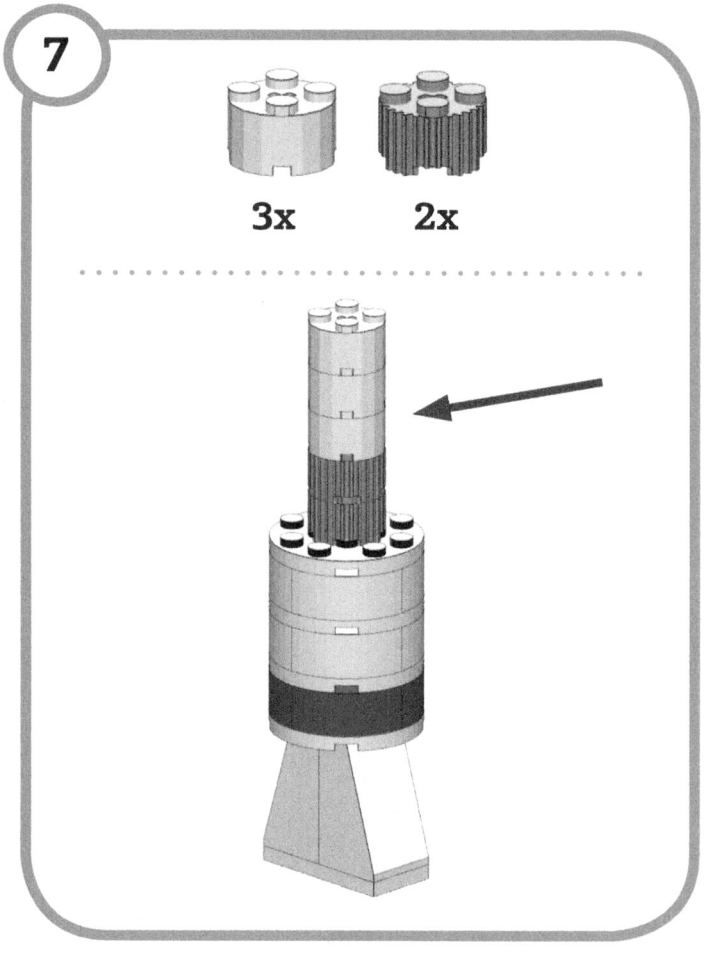
7
3x
2x

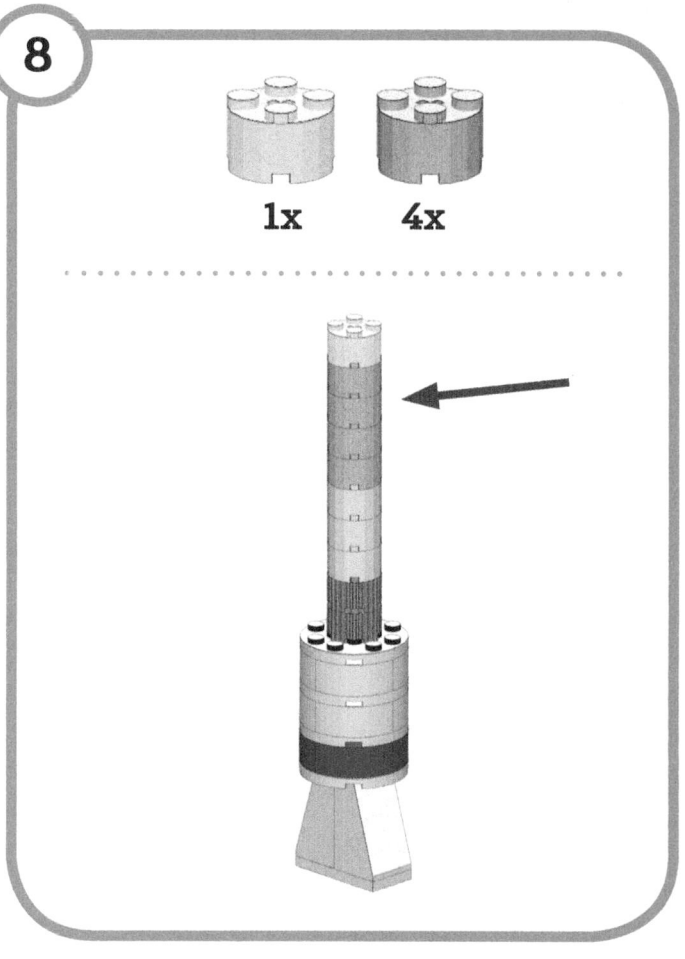
8
1x
4x

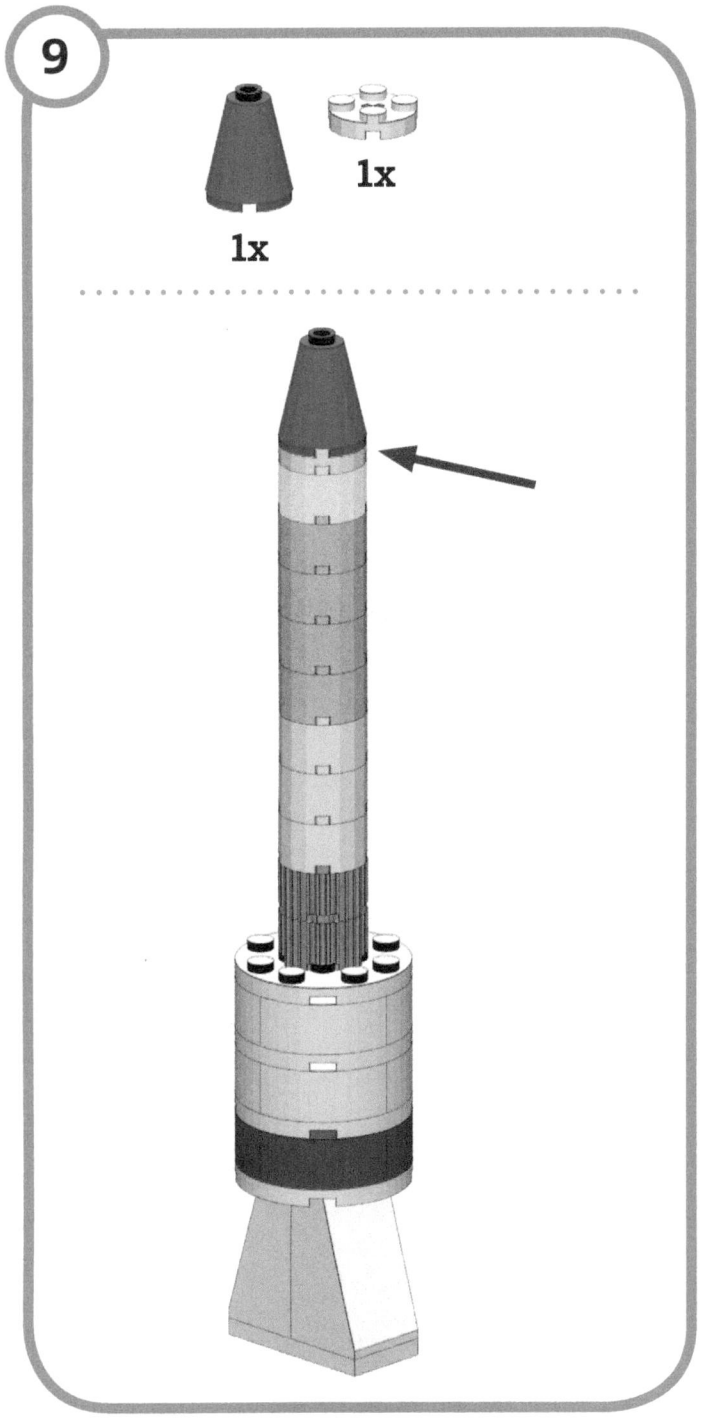
9
1x
1x

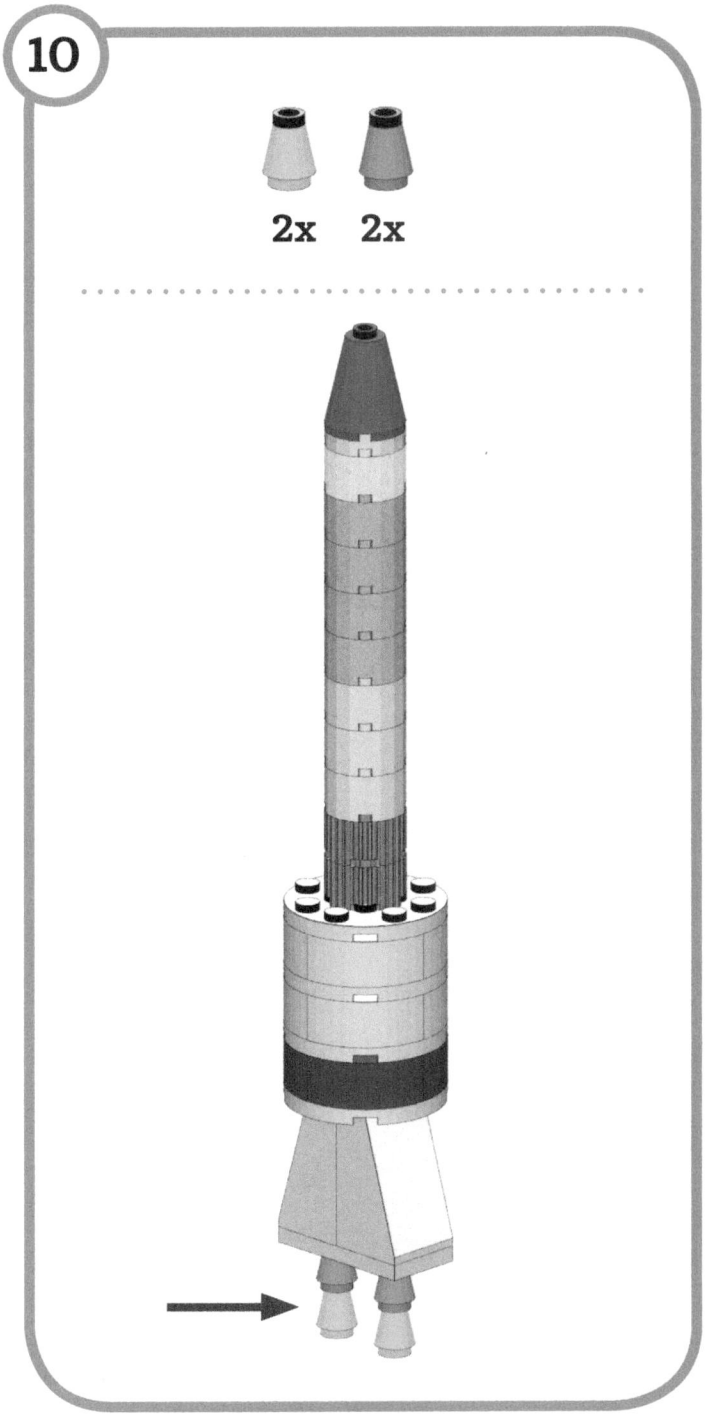
10
2x
2x

Build a Helicopter

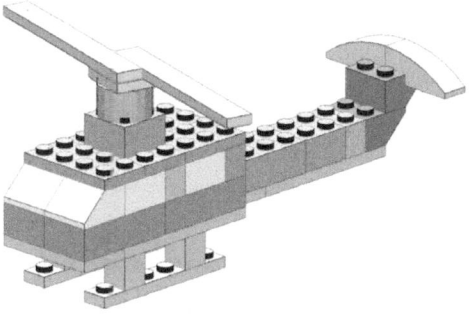

1x

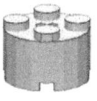
1x

2x

6x

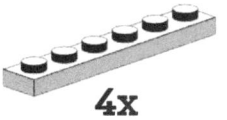
4x

2x

2x

1x

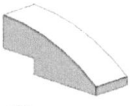
2x

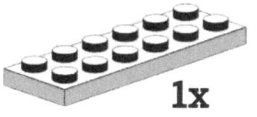
1x

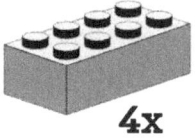
4x

2x

4x

1x

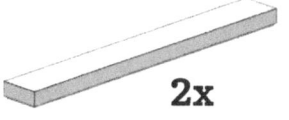
2x

2x

1x

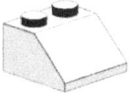
2x

1x

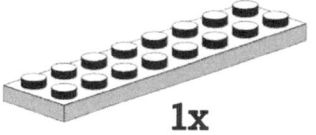
1x

1

1x

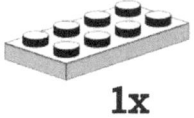
1x

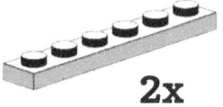
2x

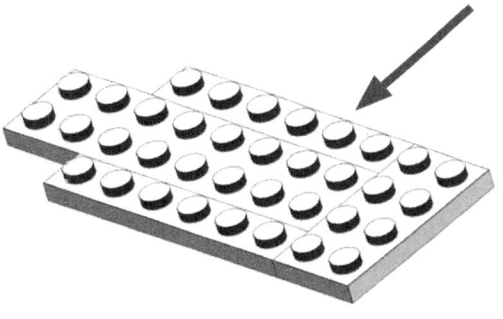

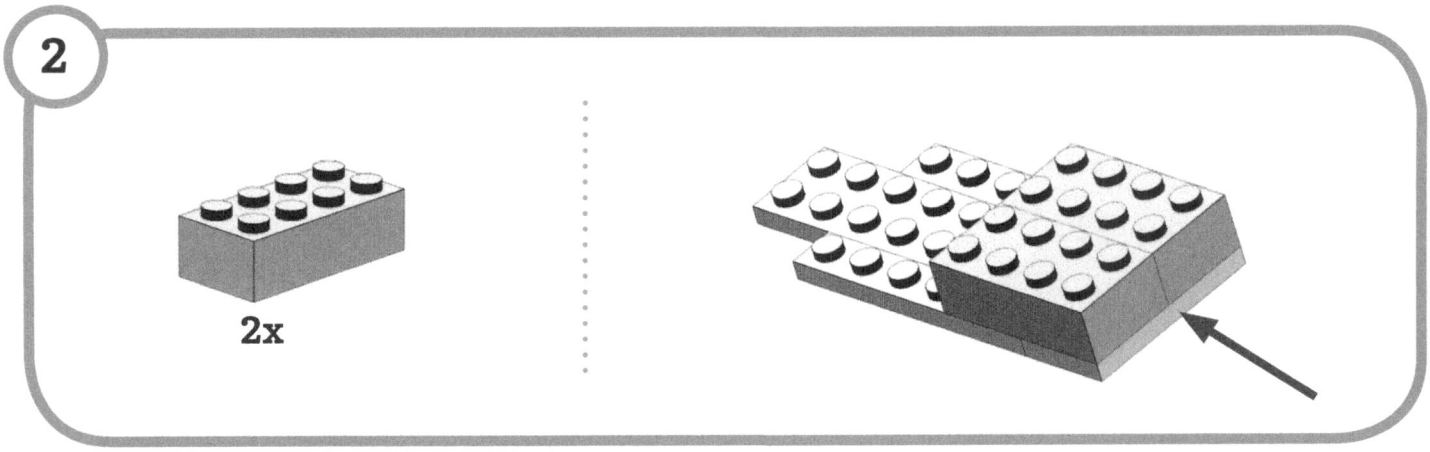
2
2x

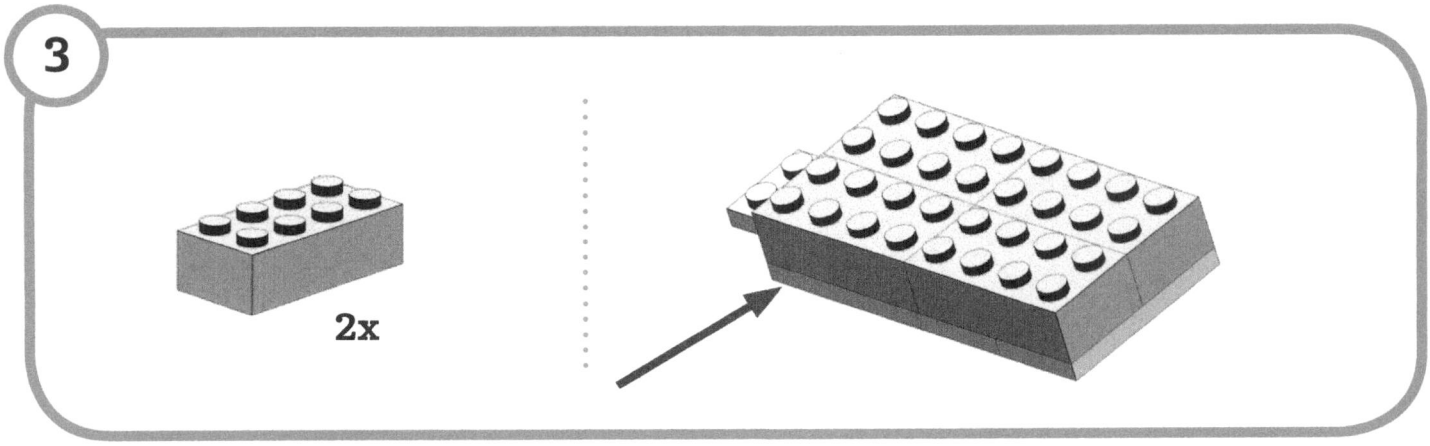
3
2x

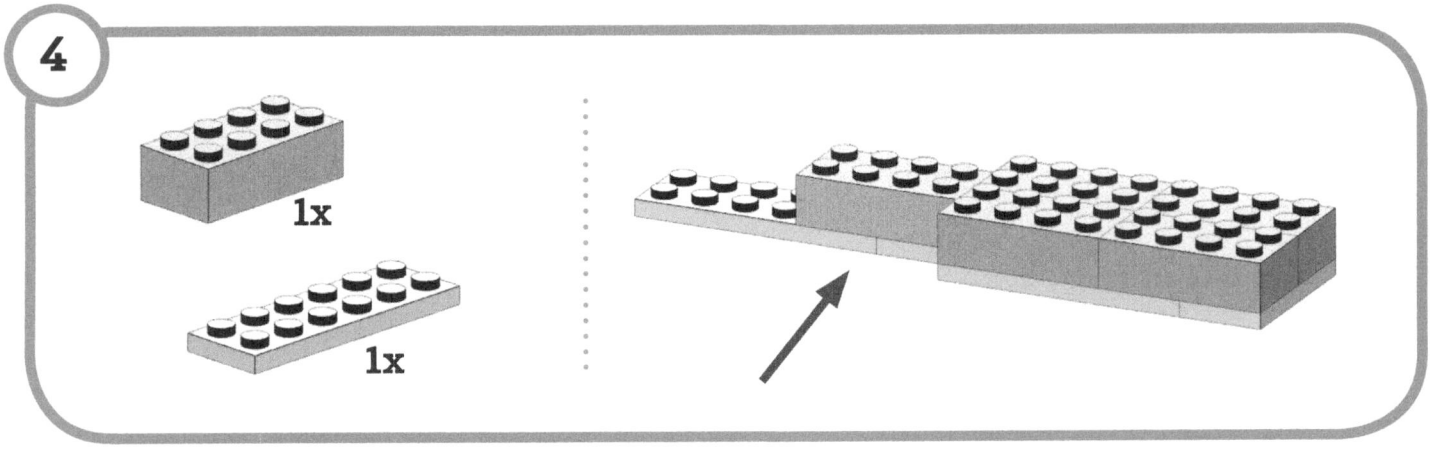
4
1x
1x

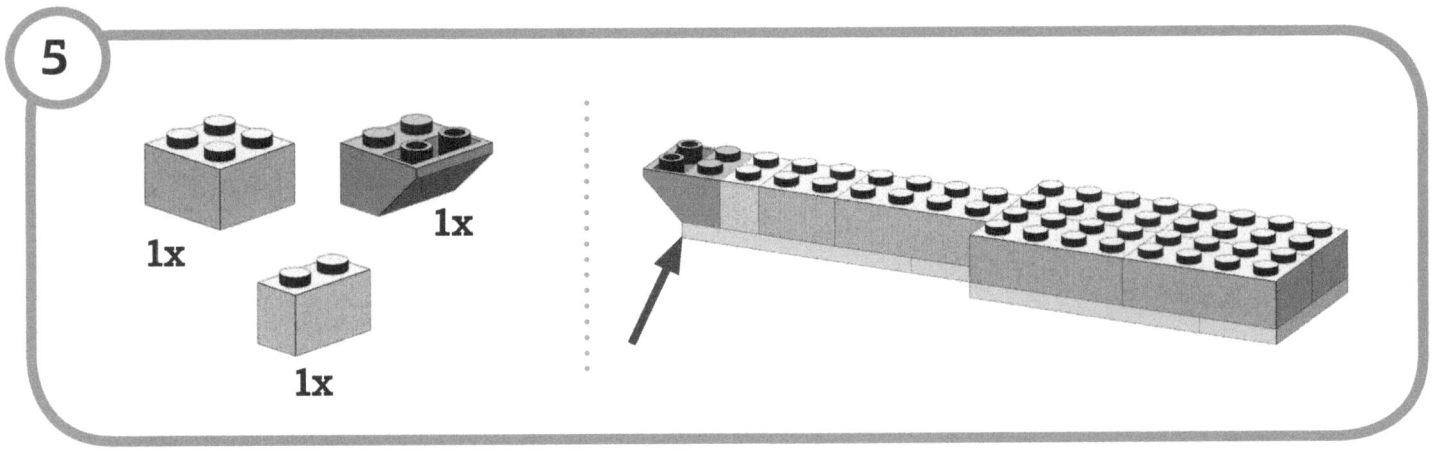
5
1x
1x
1x

6

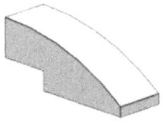

2x

1x

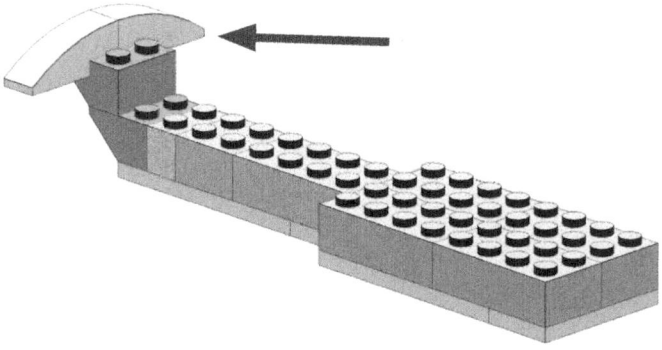

7

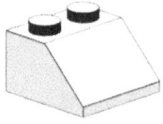

2x

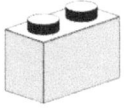

2x

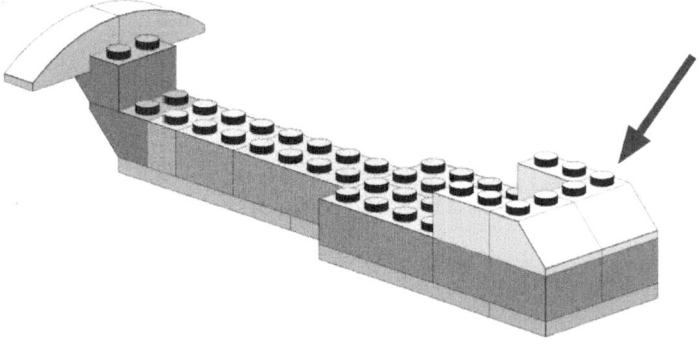

8

1x

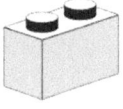

2x

2x

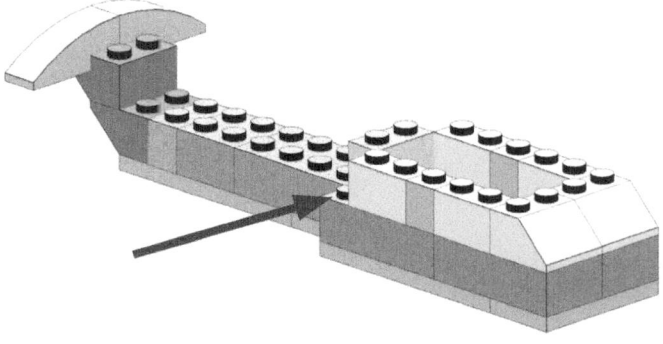

9

2x

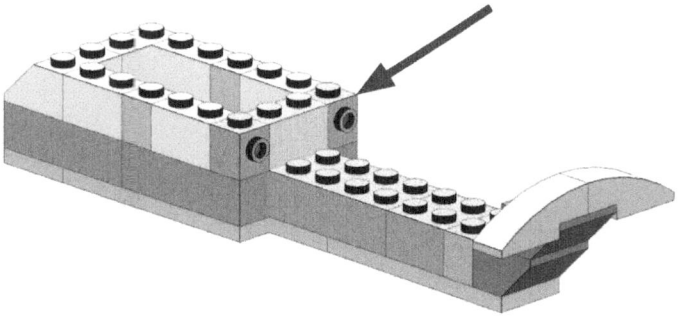

10

2x

2x

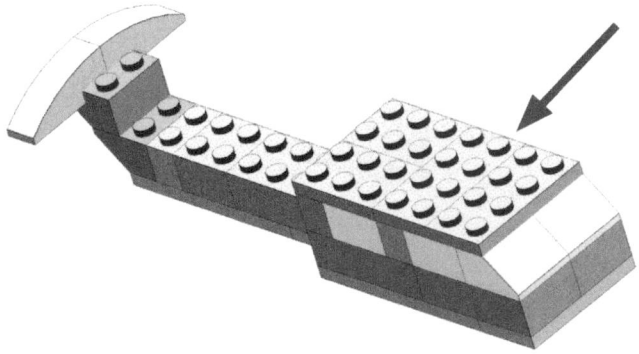

11

1x

1x

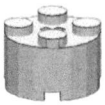

1x

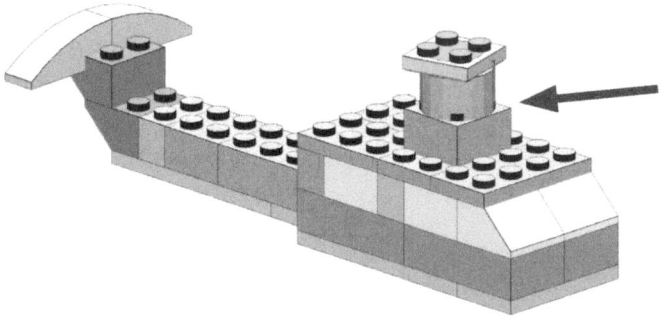

12

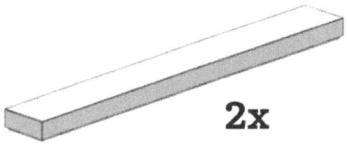

2x

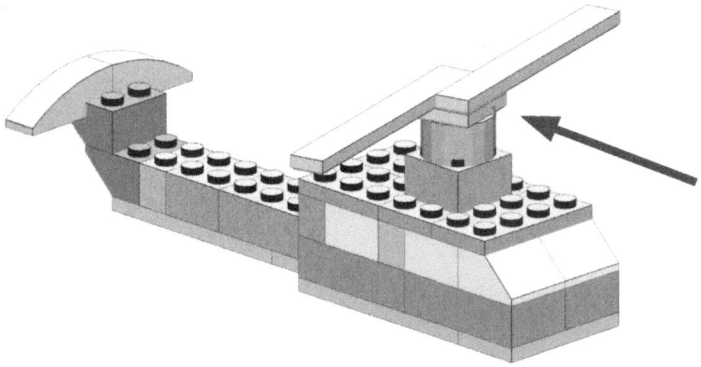

13

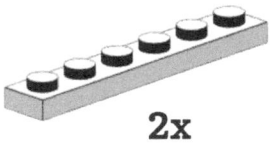

2x

4x

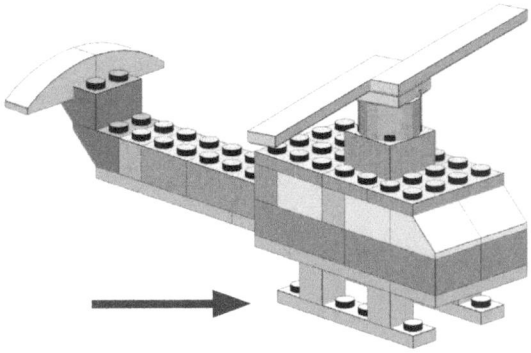

Build an Orange Glider

1x

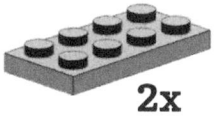
2x

2x

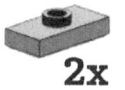
2x

1x

2x

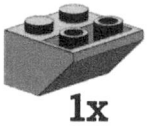
1x

2x

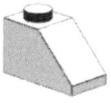
1x

3x

1x

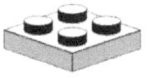
1x

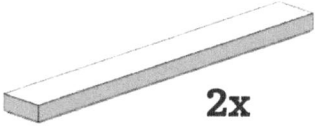
2x

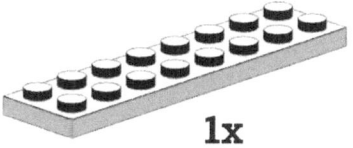
1x

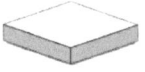
2x

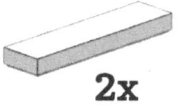
2x

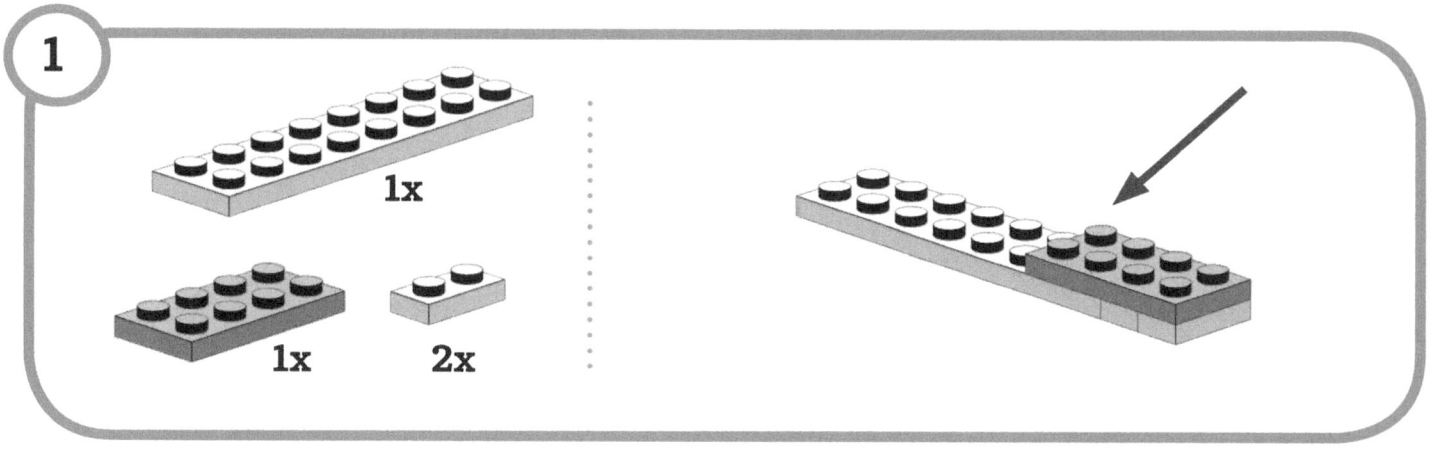

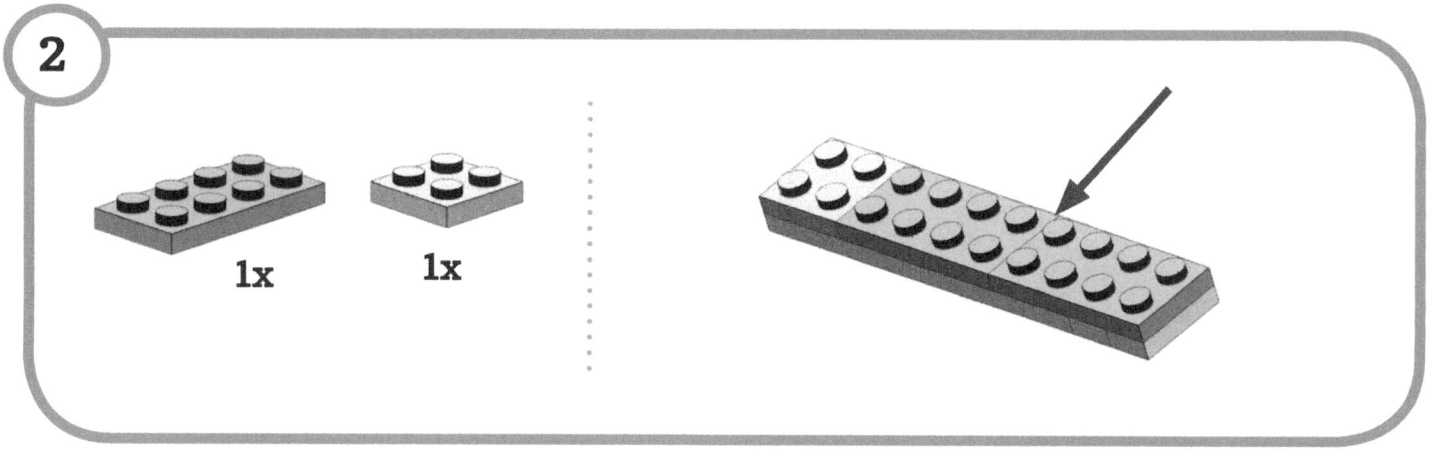

3

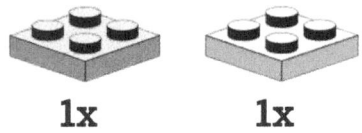

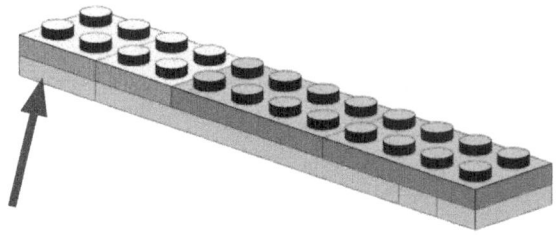

4

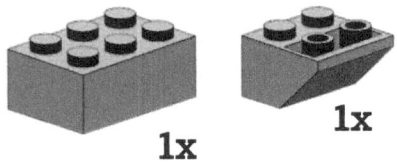

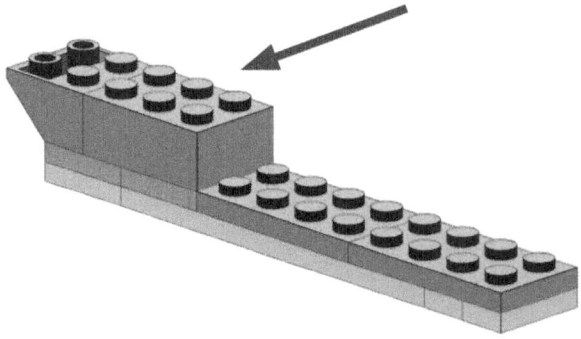

5

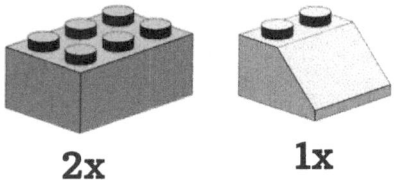

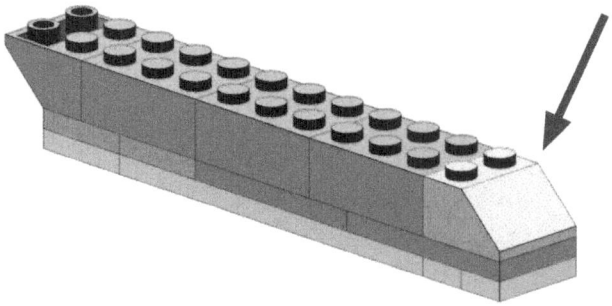

6

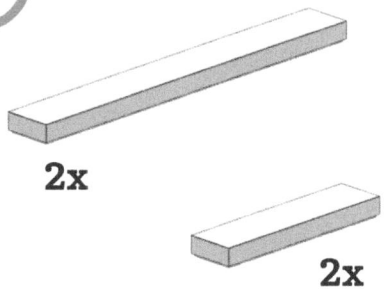

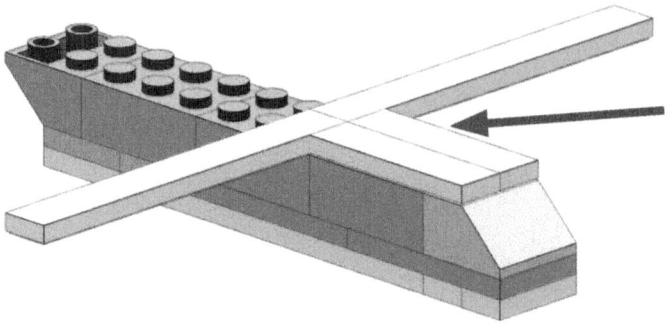

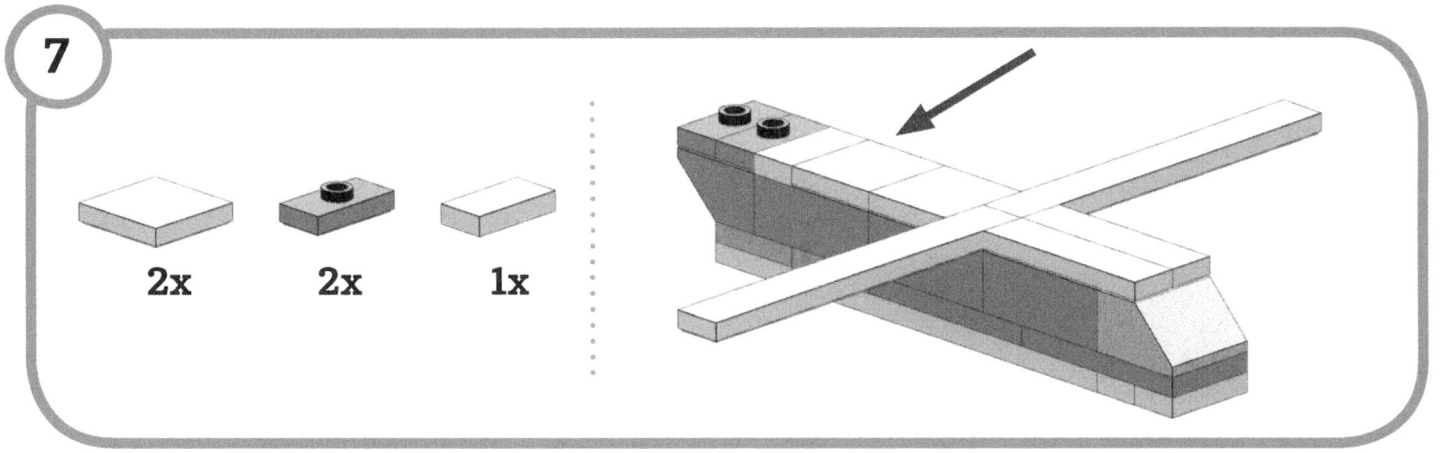
7
2x
2x
1x

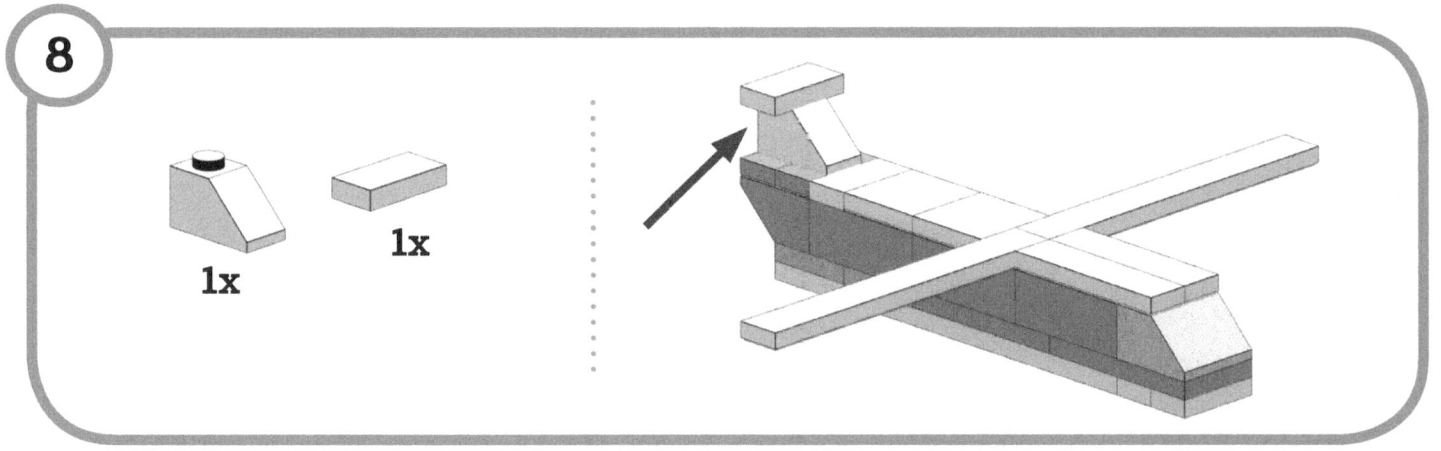
8
1x
1x

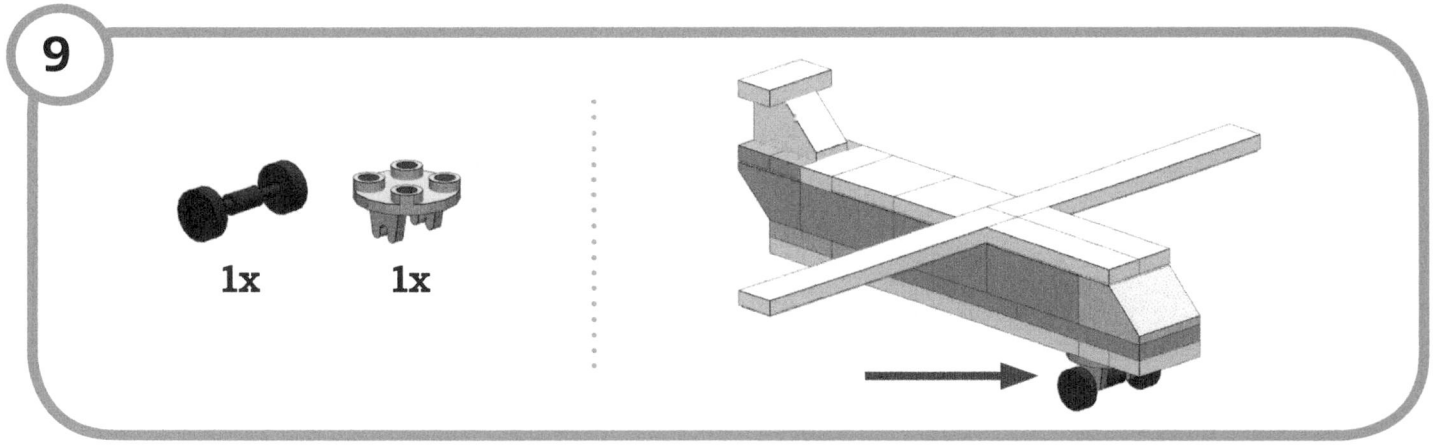
9
1x
1x

Build a Prop Plane

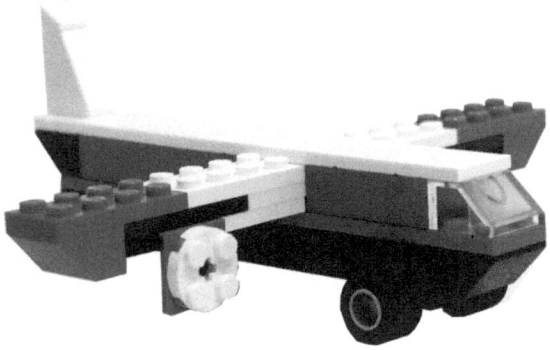

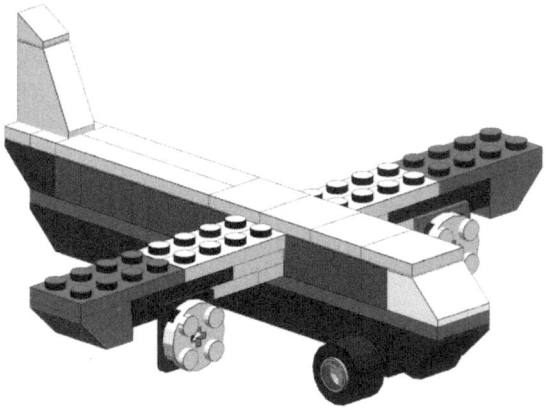

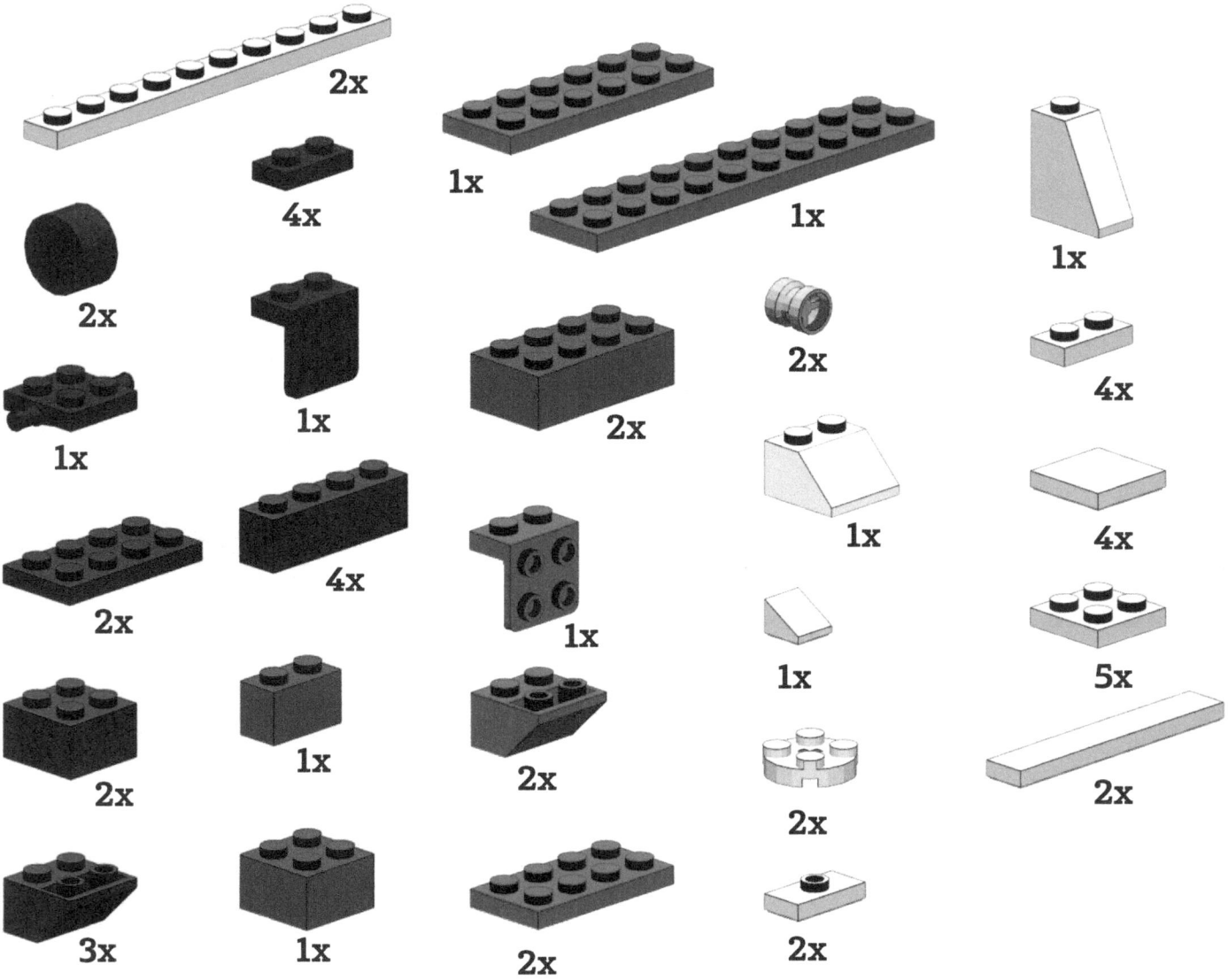

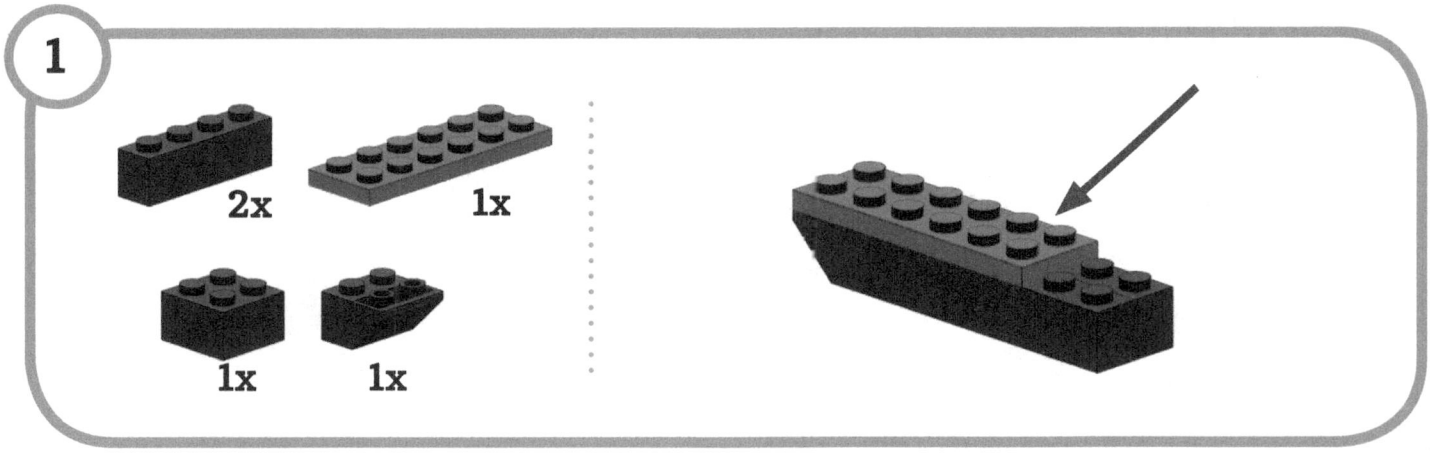
1
2x
1x
1x
1x

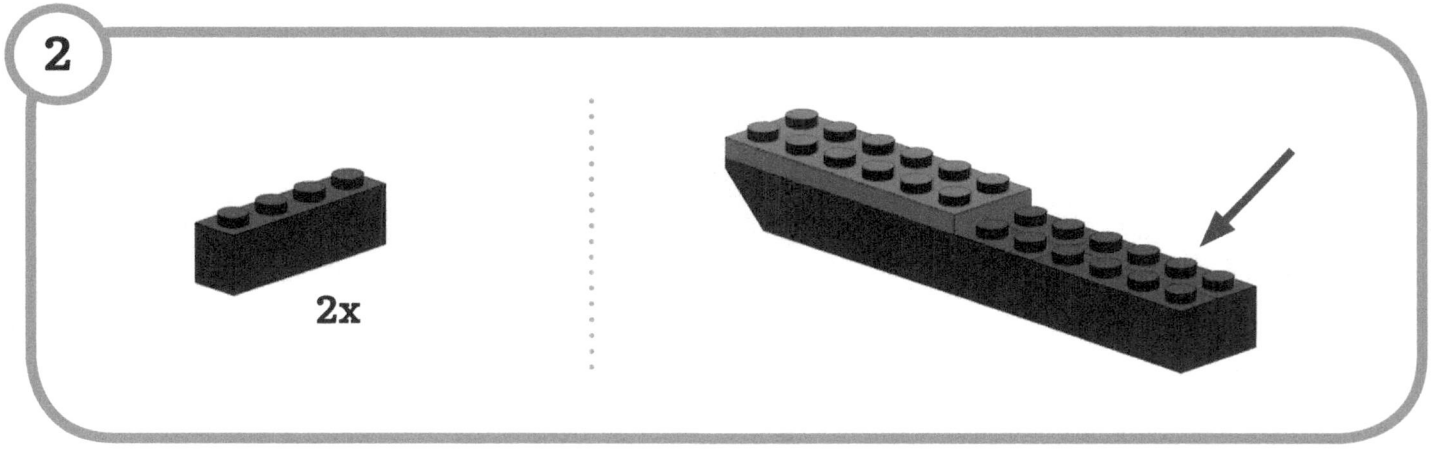
2
2x

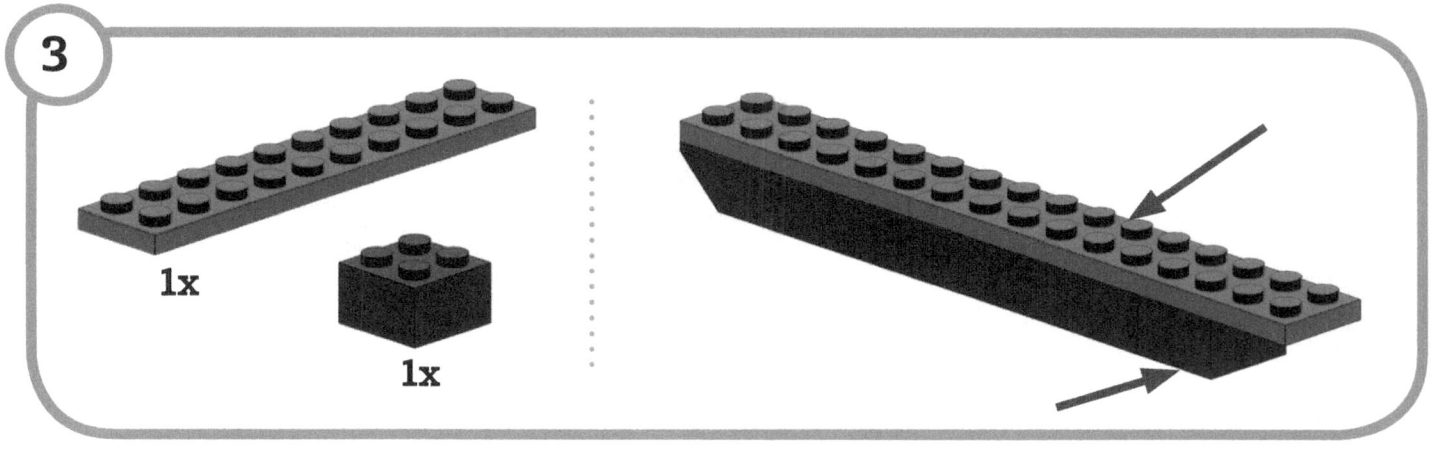
3
1x
1x

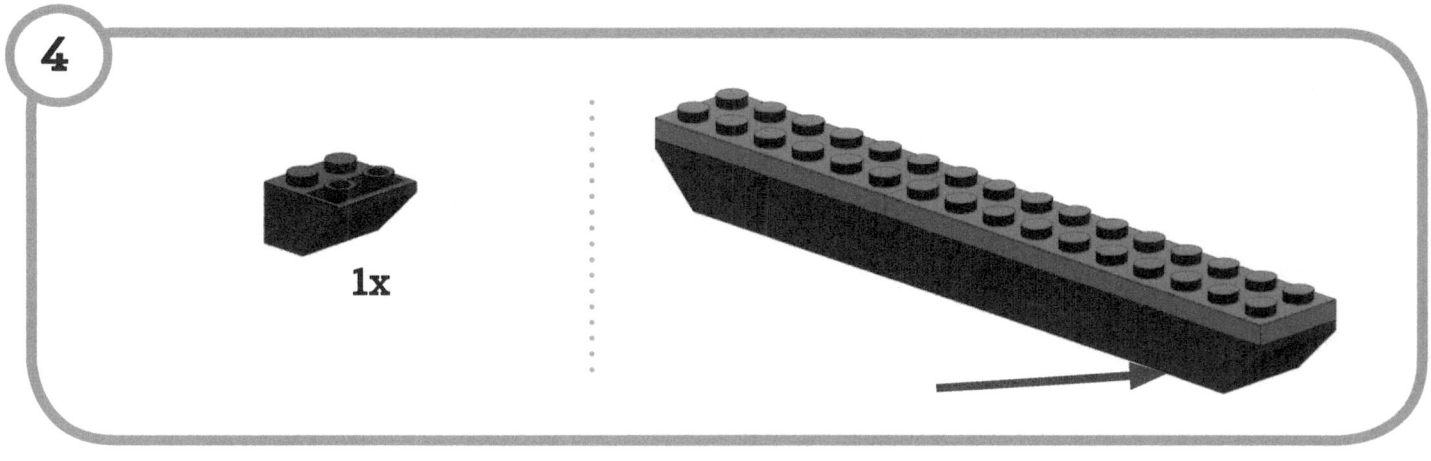
4
1x

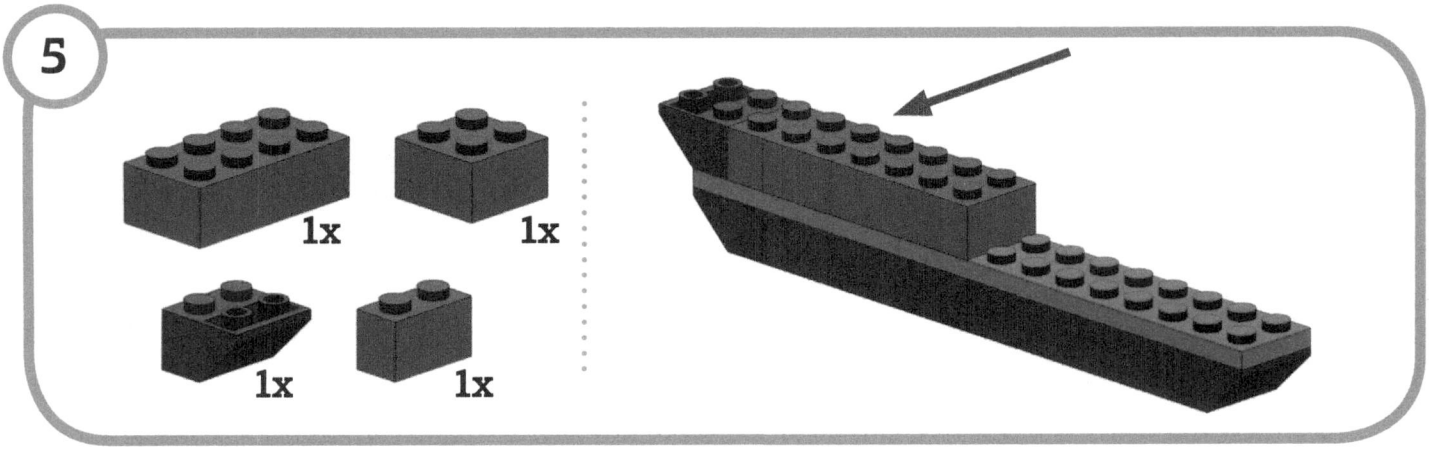
5
1x
1x
1x
1x

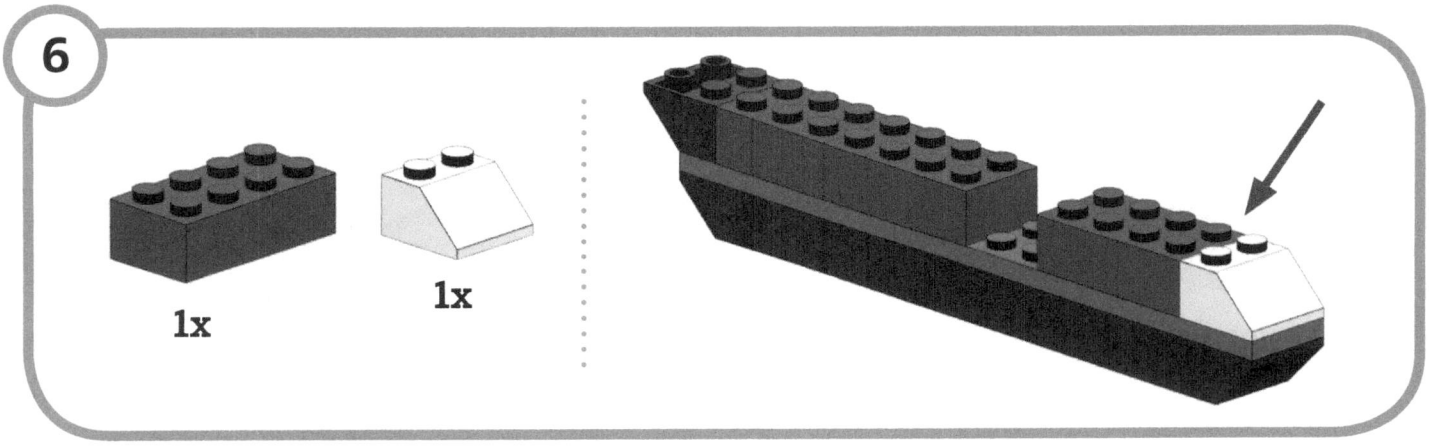
6
1x
1x

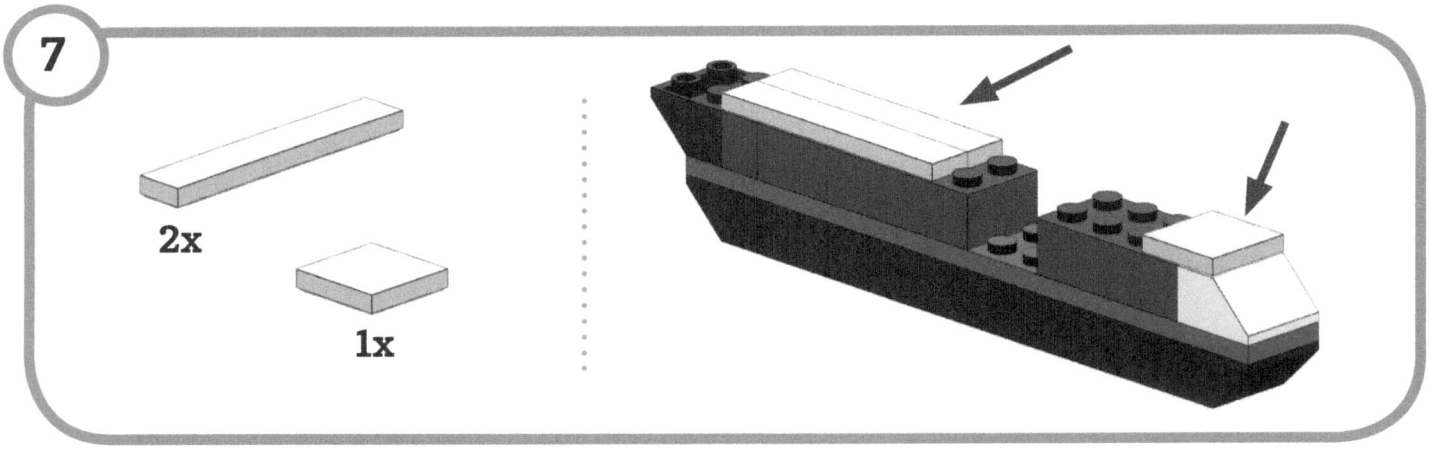
7
2x
1x

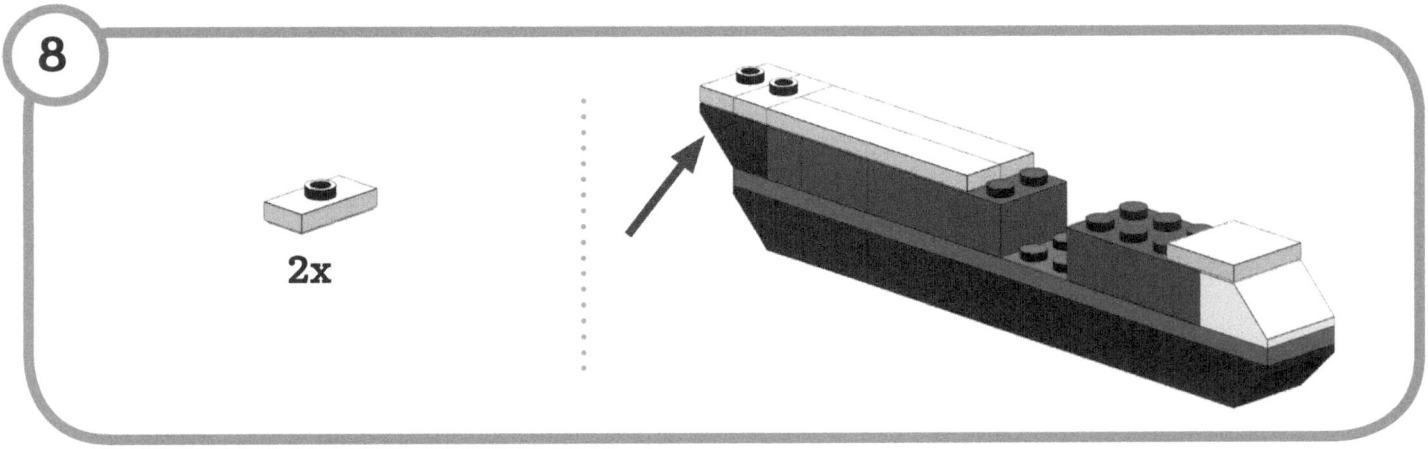
8
2x

9

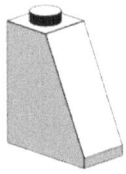

1x

1x

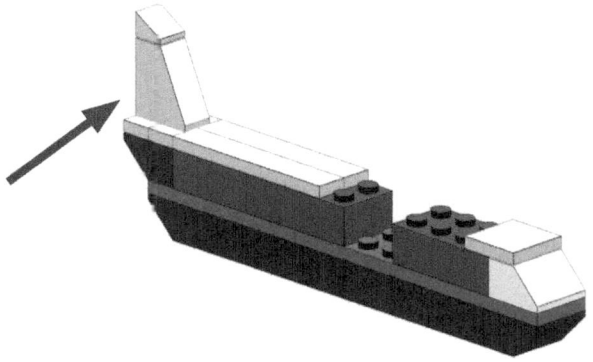

10

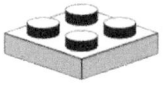

1x

2x

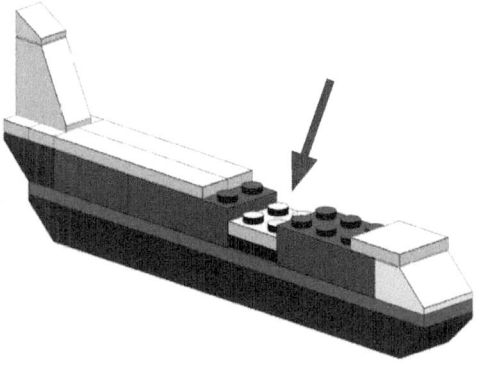

11

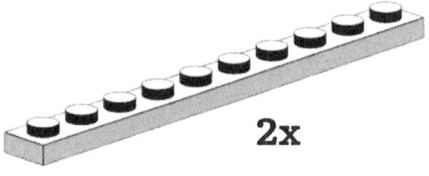

2x

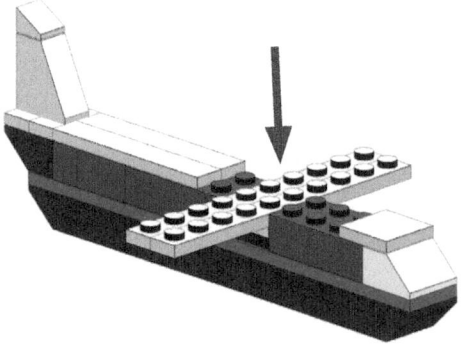

12

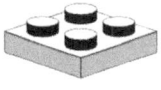

2x

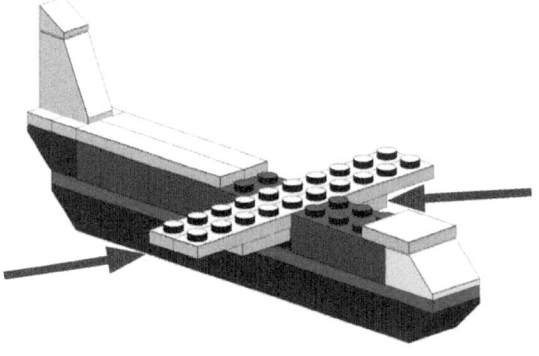

13

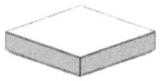

3x

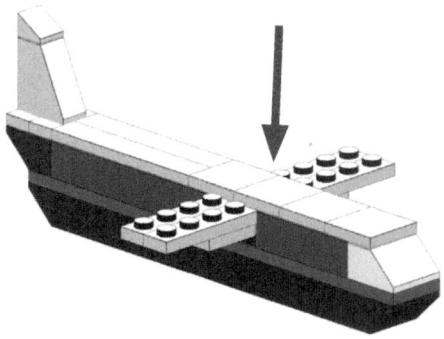

14

2x

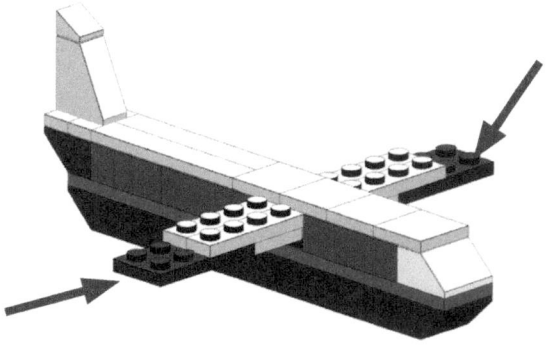

15

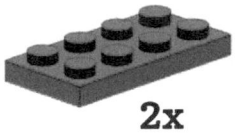

2x

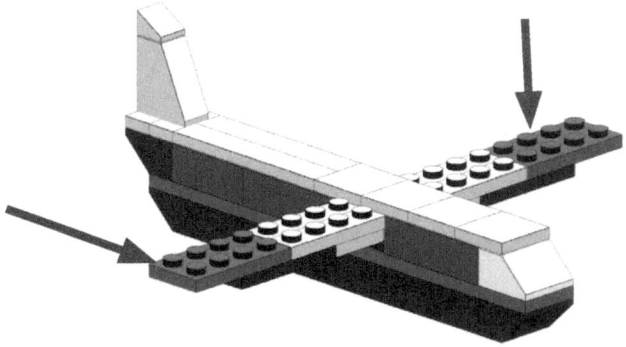

16

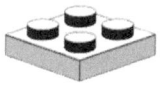

2x

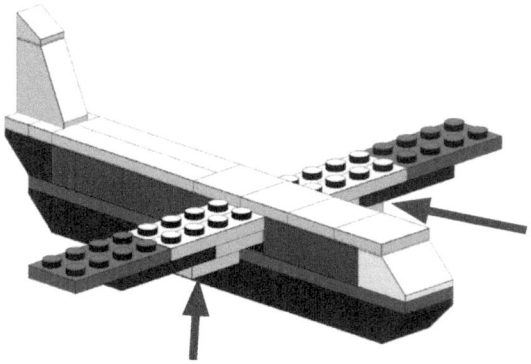

17

2x

18

2x

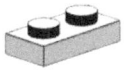

4x

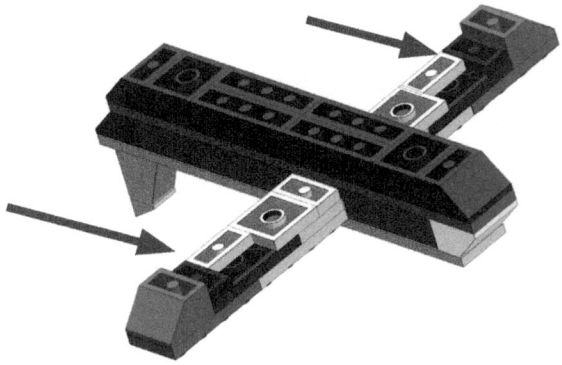

19

1x

1x

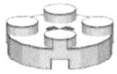

2x

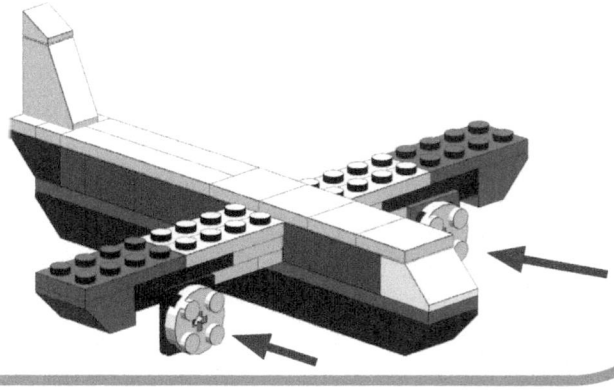

20

2x

1x

2x

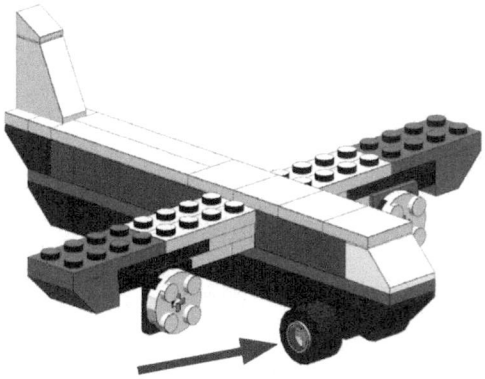

Jumbo Jets

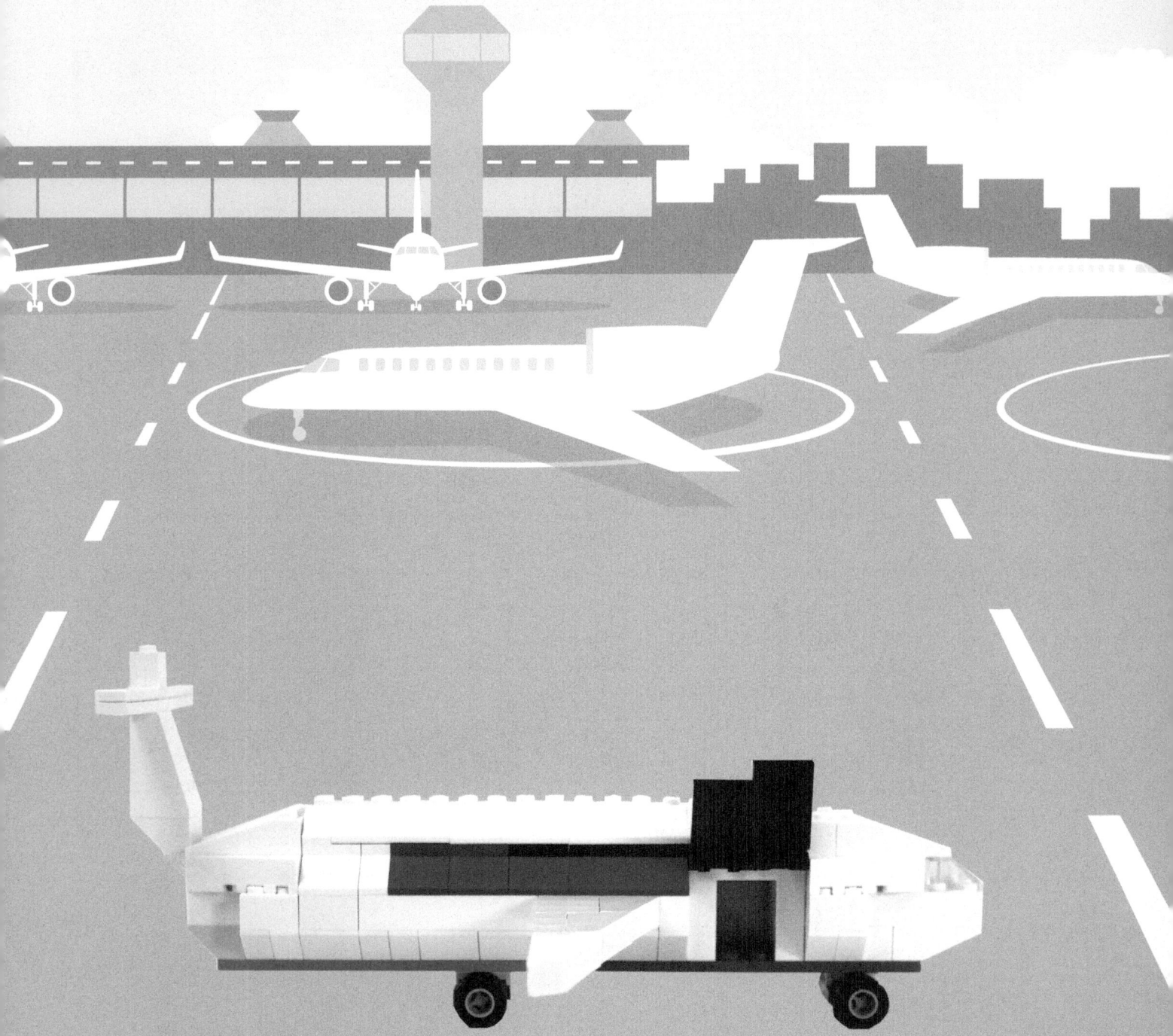

Jumbo Jet

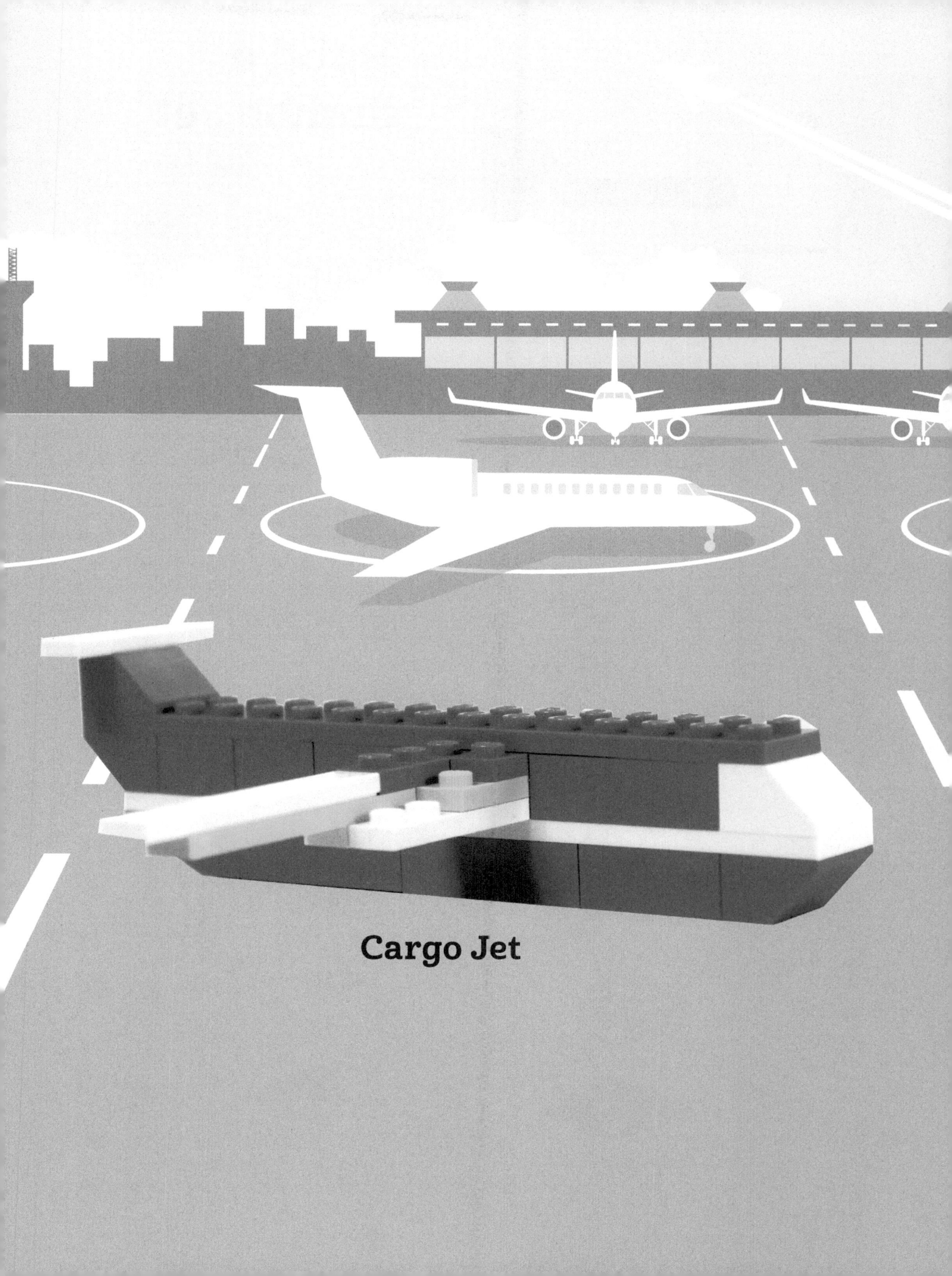

Cargo Jet

Build a Jumbo Jet

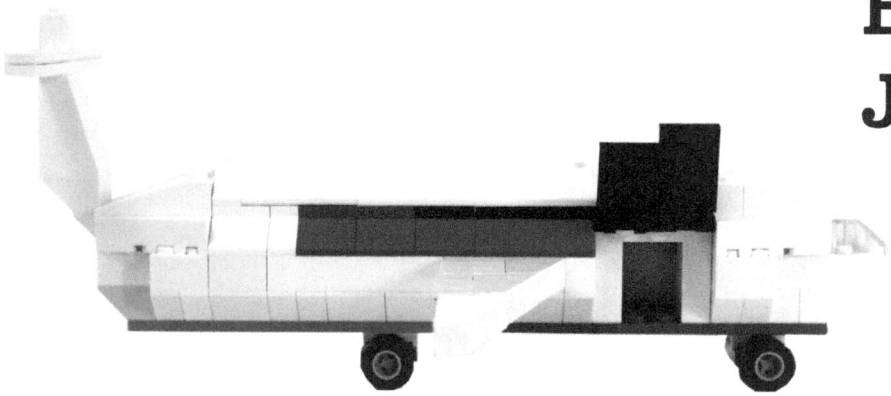

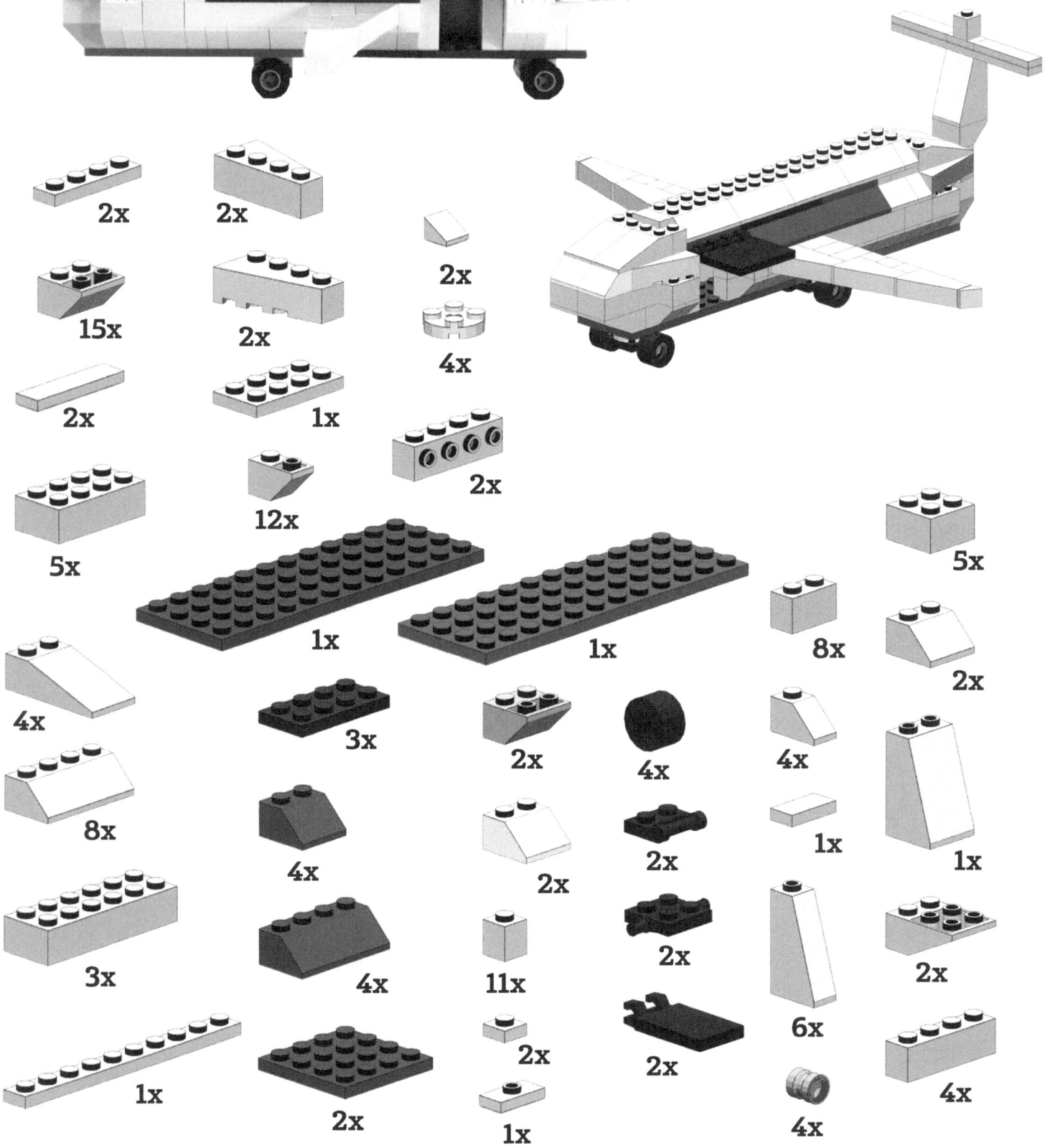

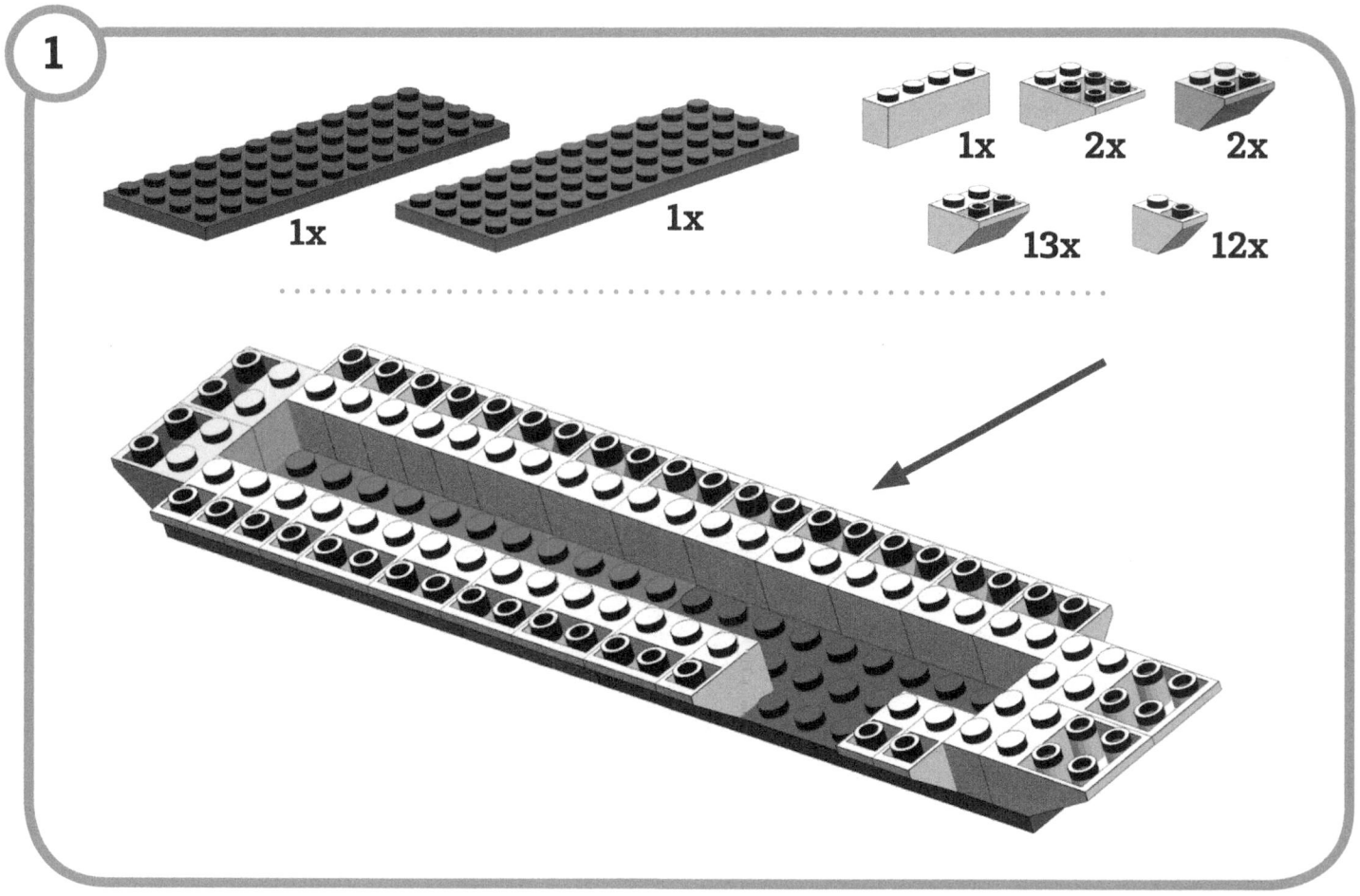
1
1x
1x
1x
2x
2x
13x
12x

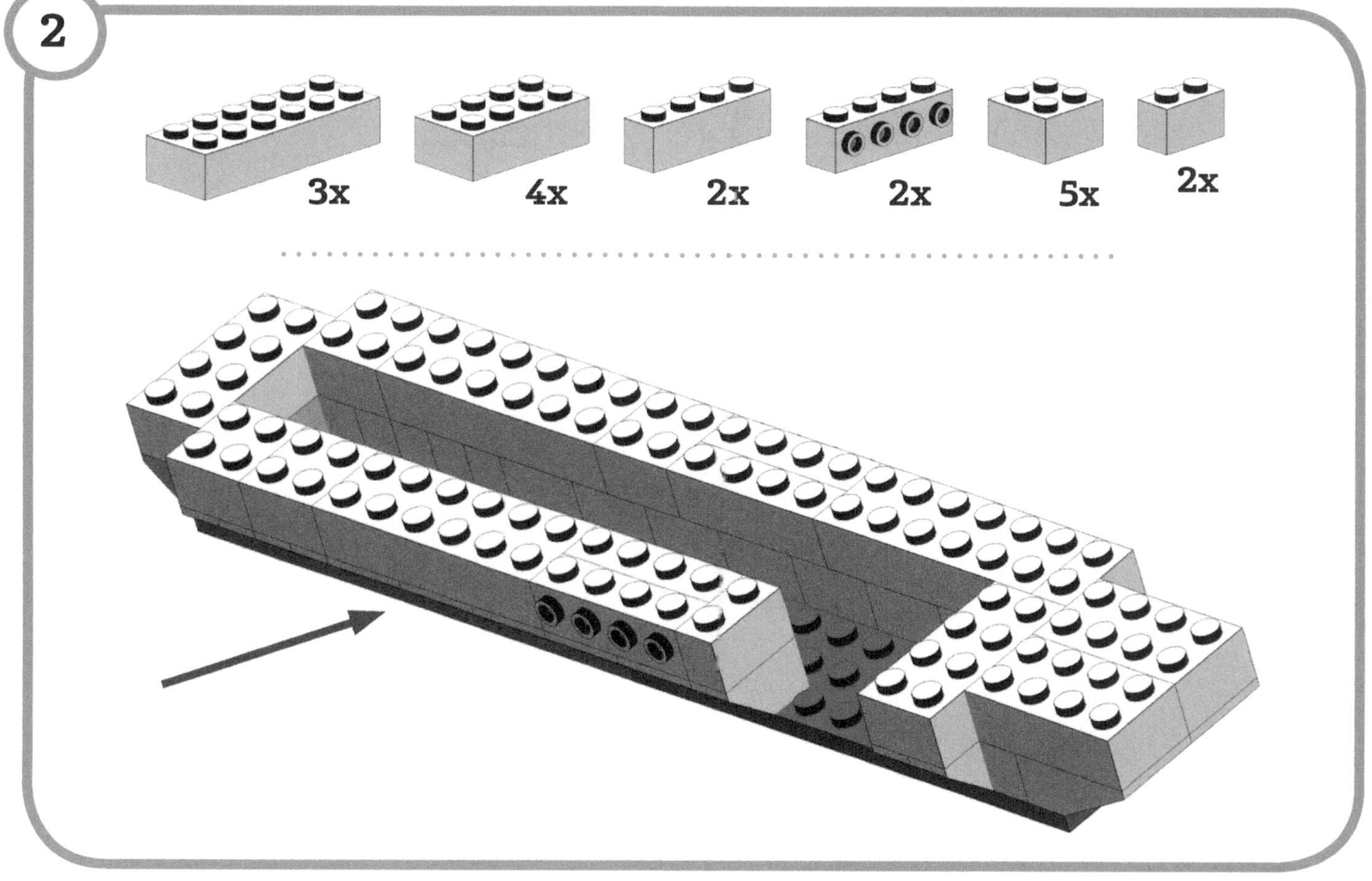
2
3x
4x
2x
2x
5x
2x

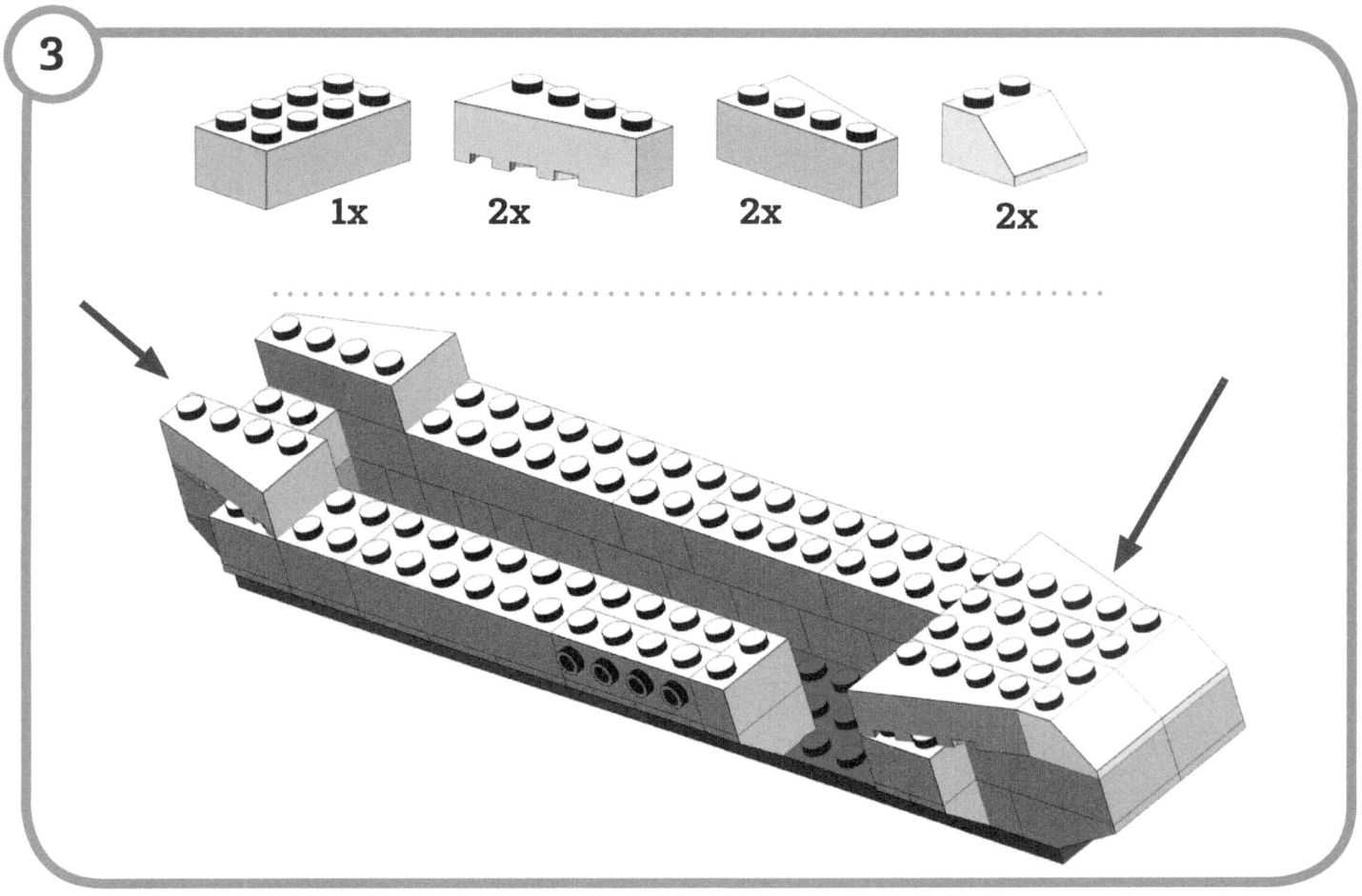
3
1x
2x
2x
2x

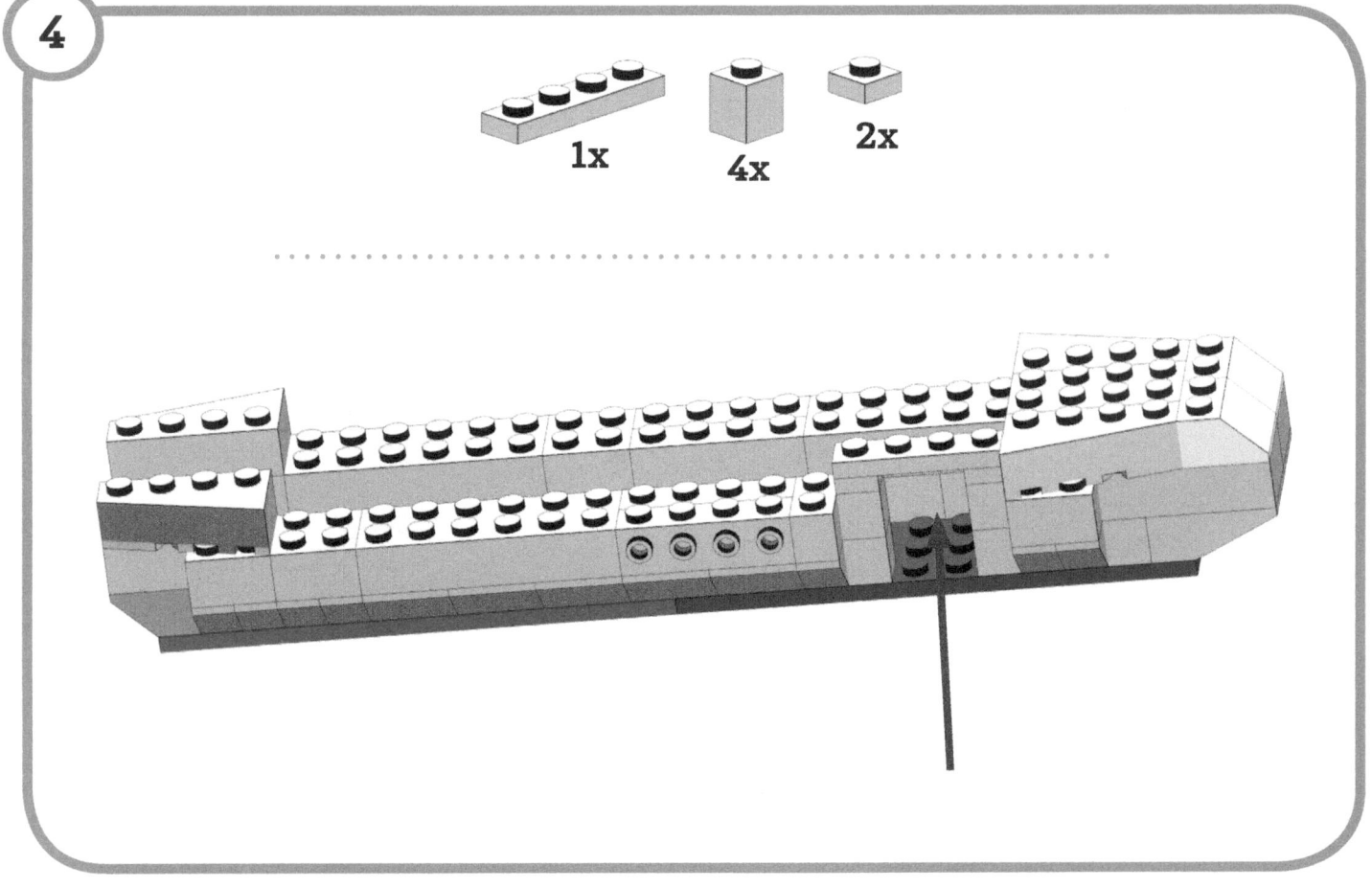
4
1x
4x
2x

5

2x

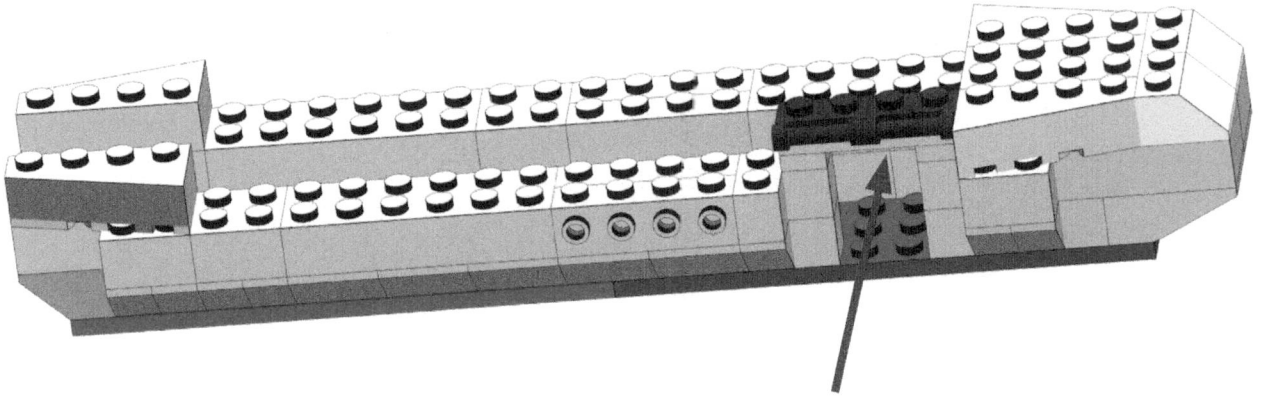

6

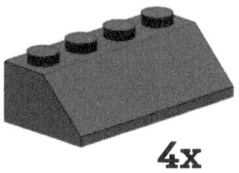

4x

4x

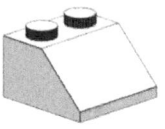

2x

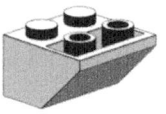

1x

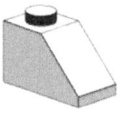

2x

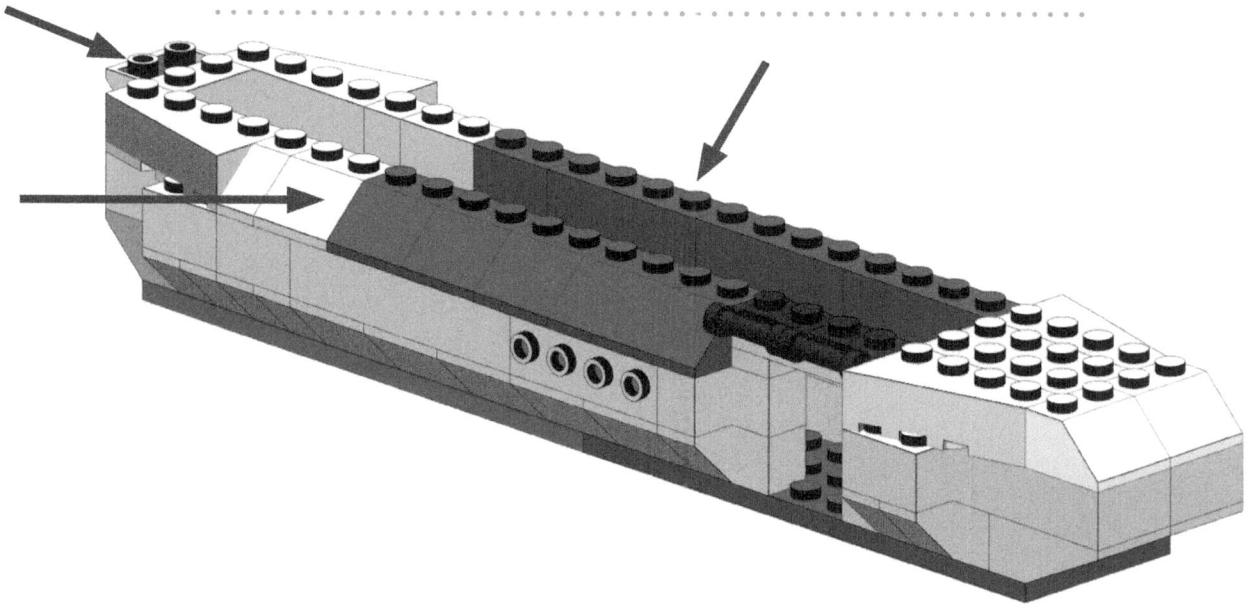

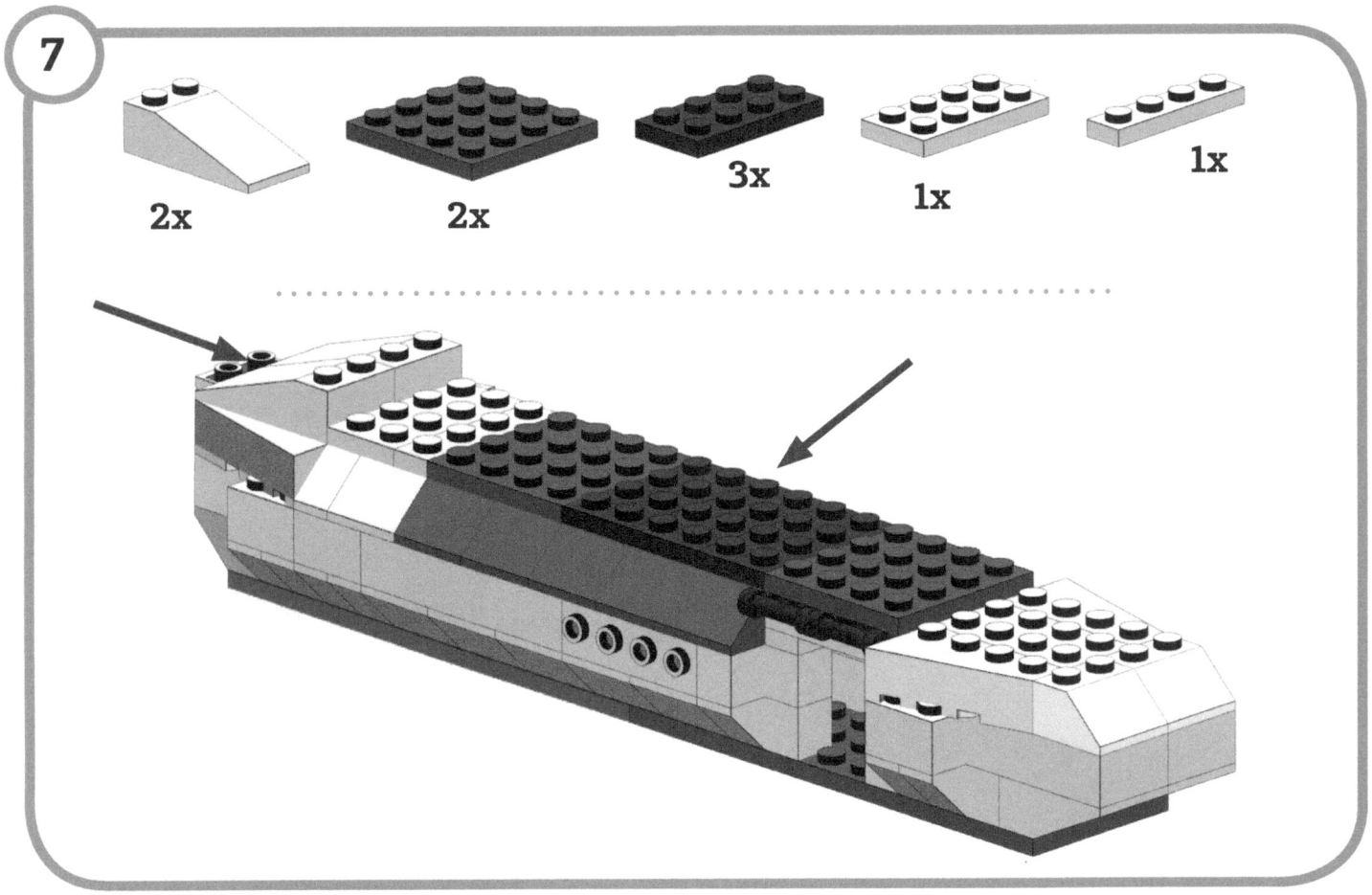
7
2x
2x
3x
1x
1x

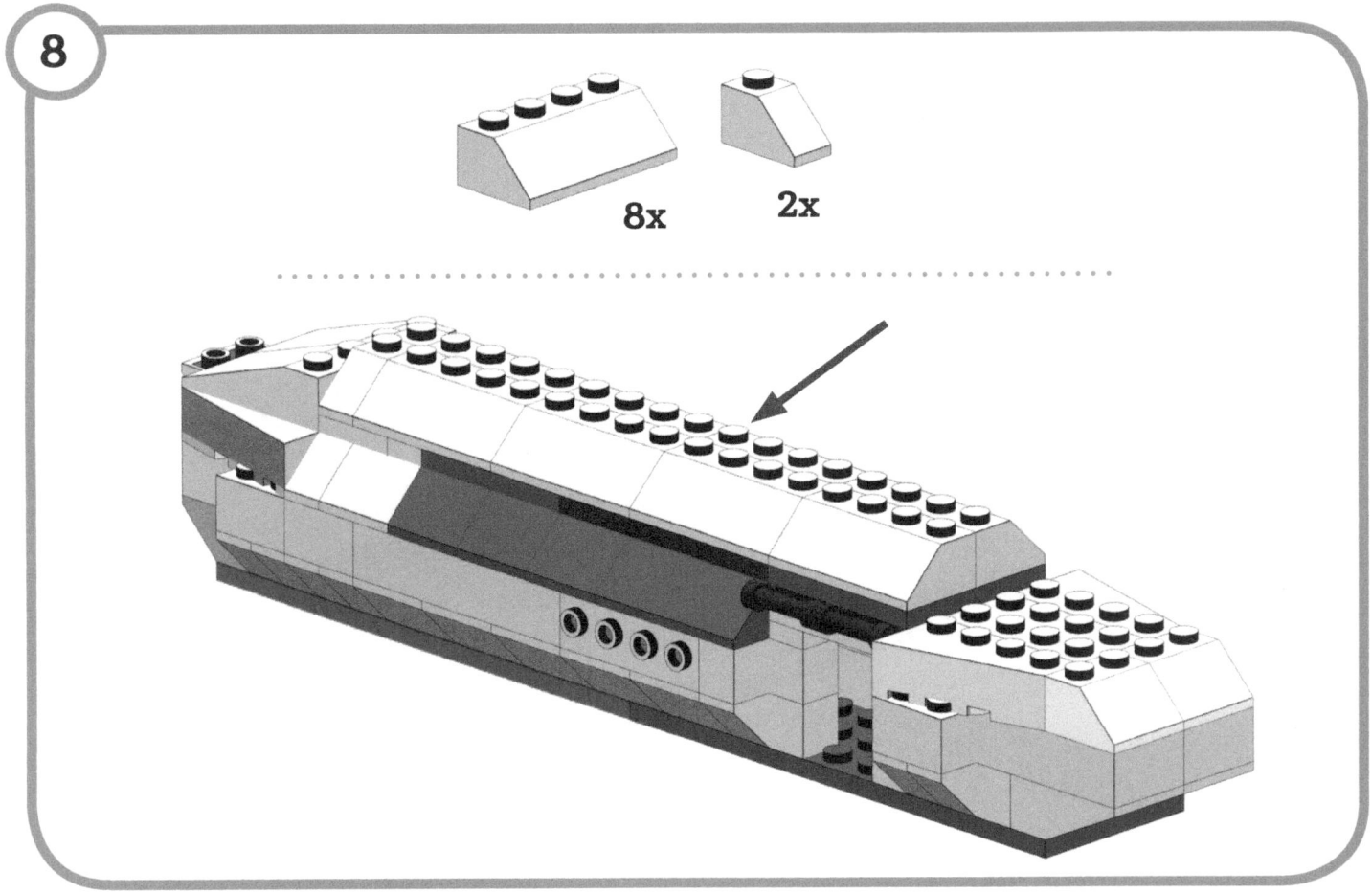
8
8x
2x

9

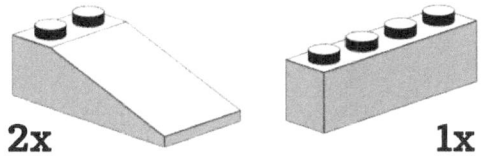

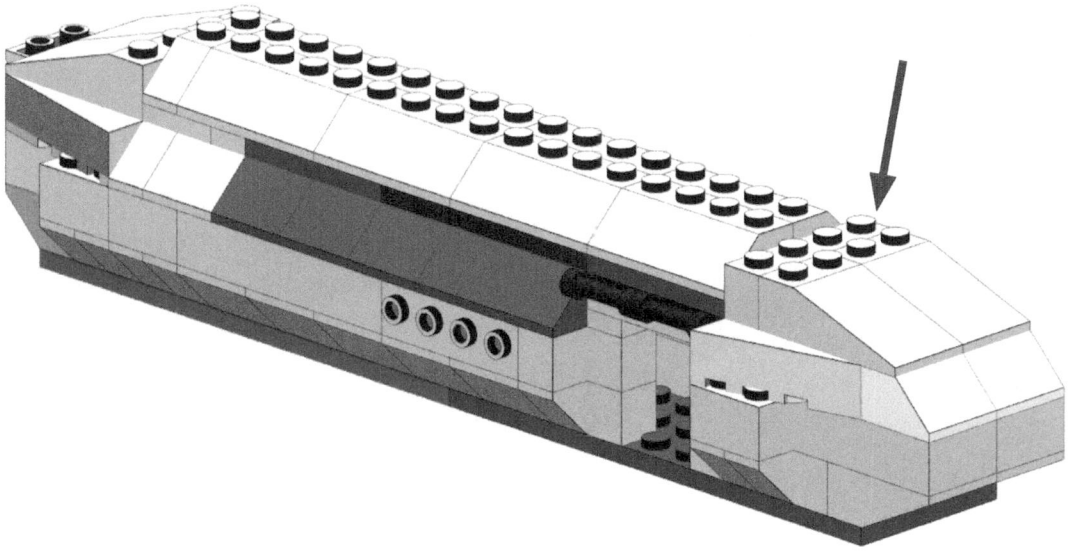

10

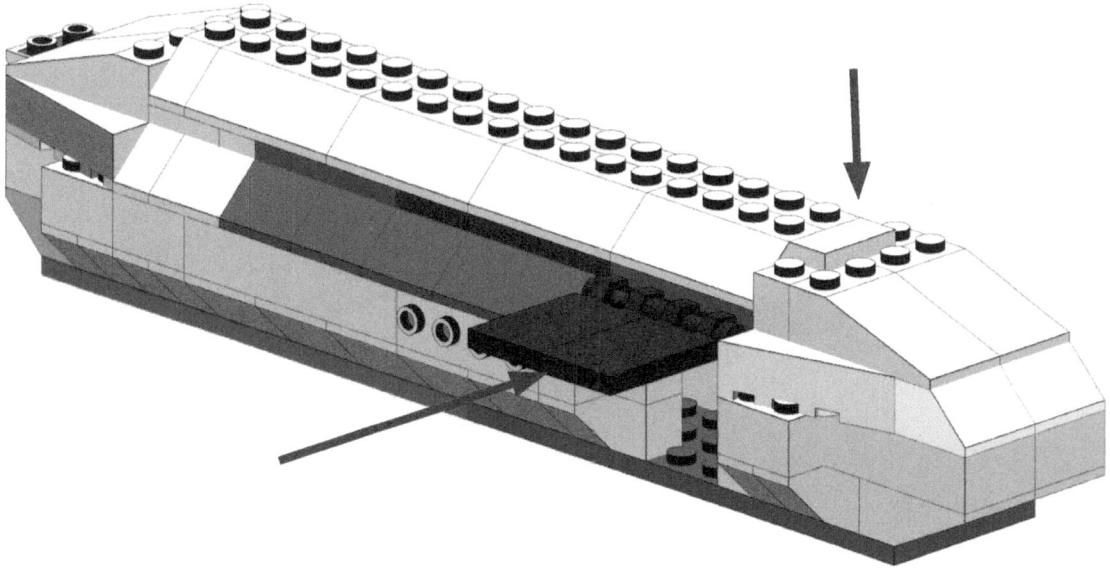

11

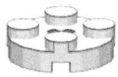

4x

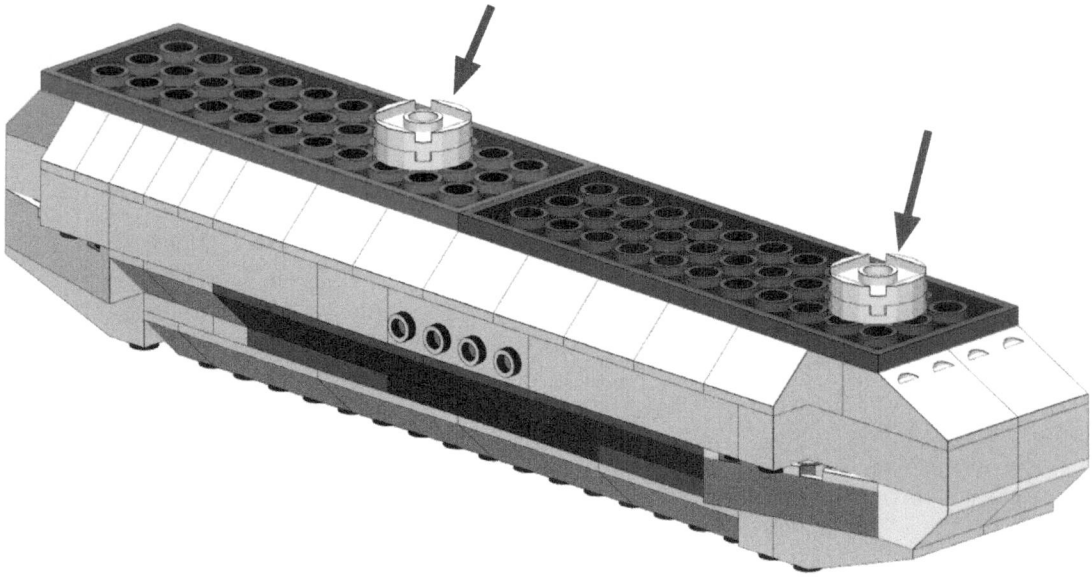

12

4x

2x

4x

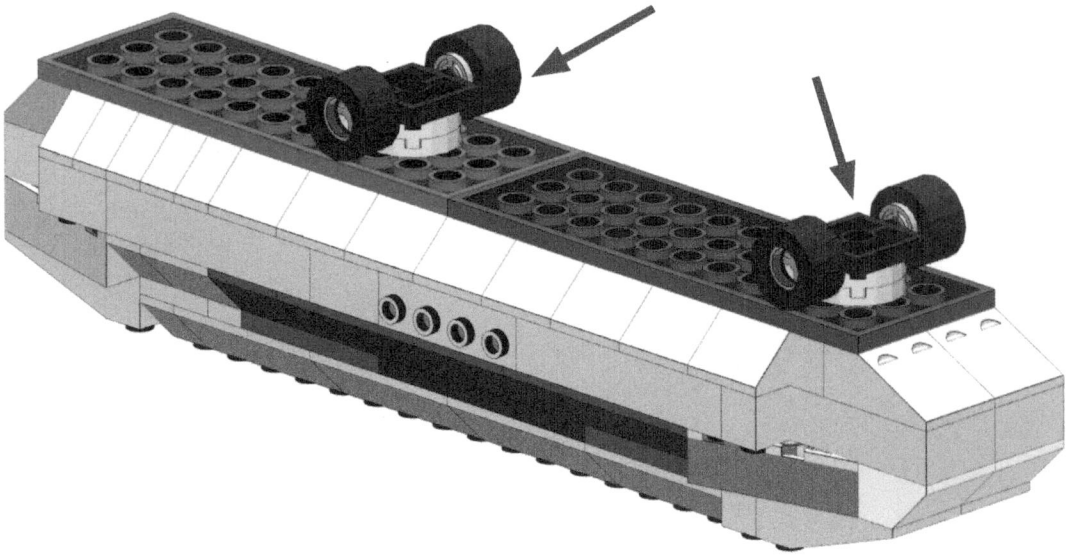

13

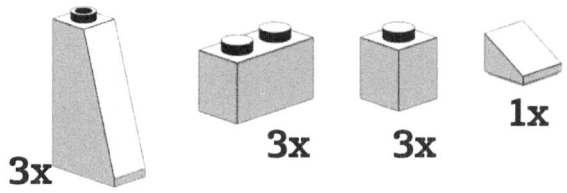

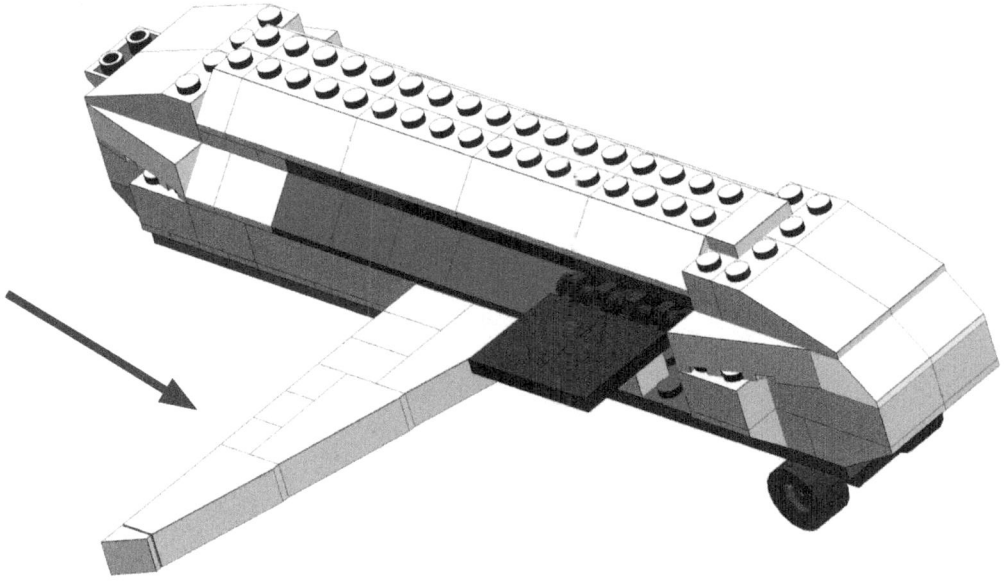

14

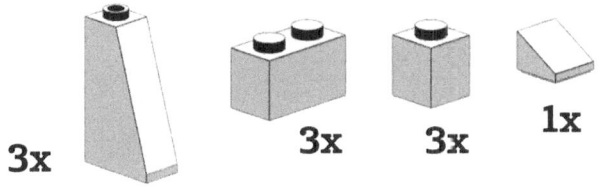

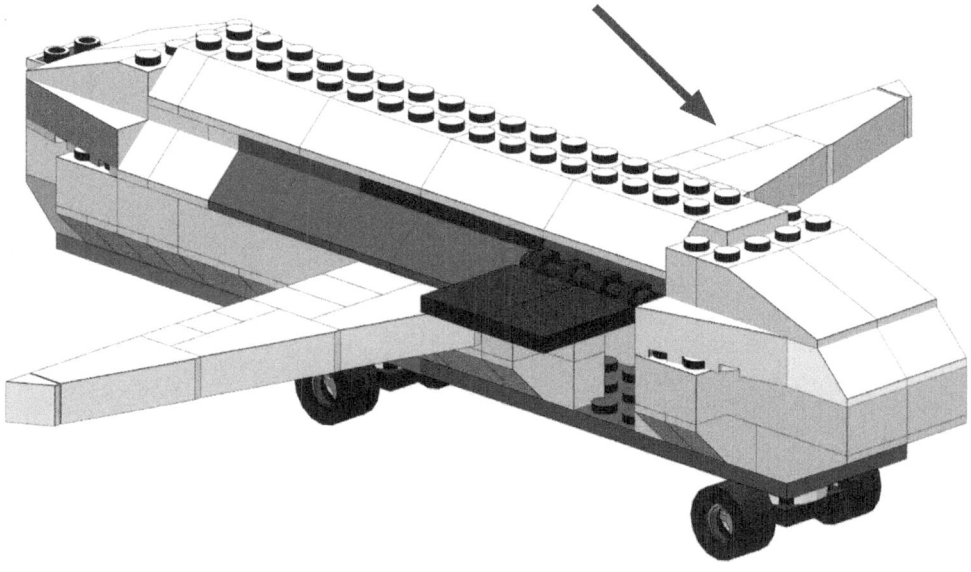

15

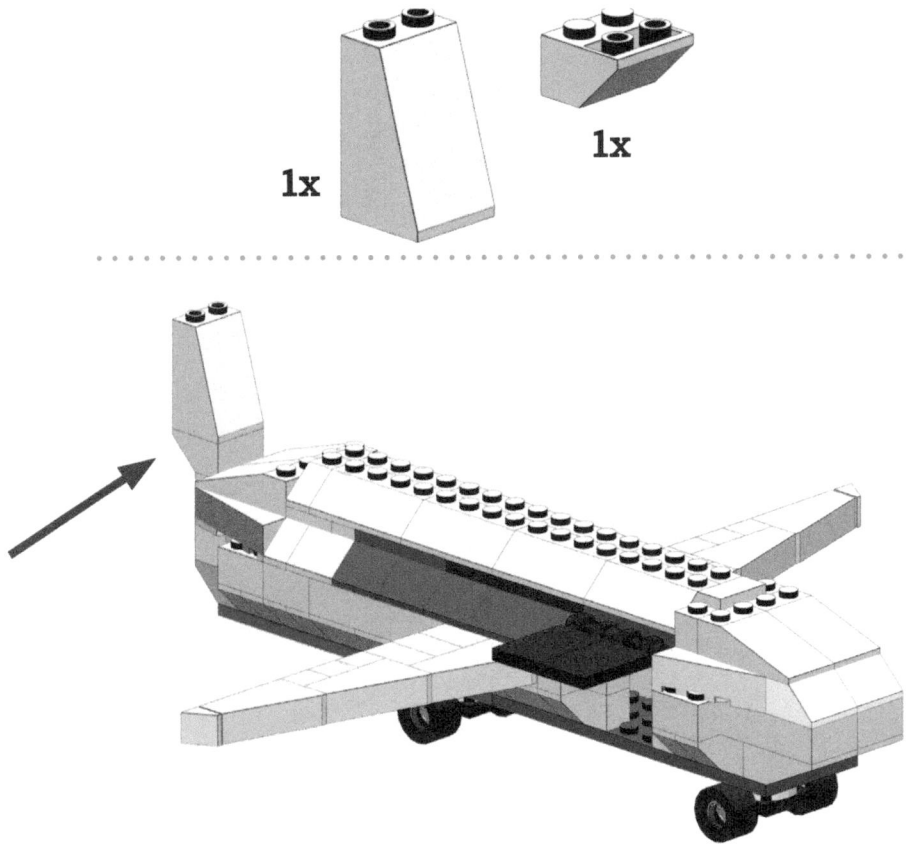

16

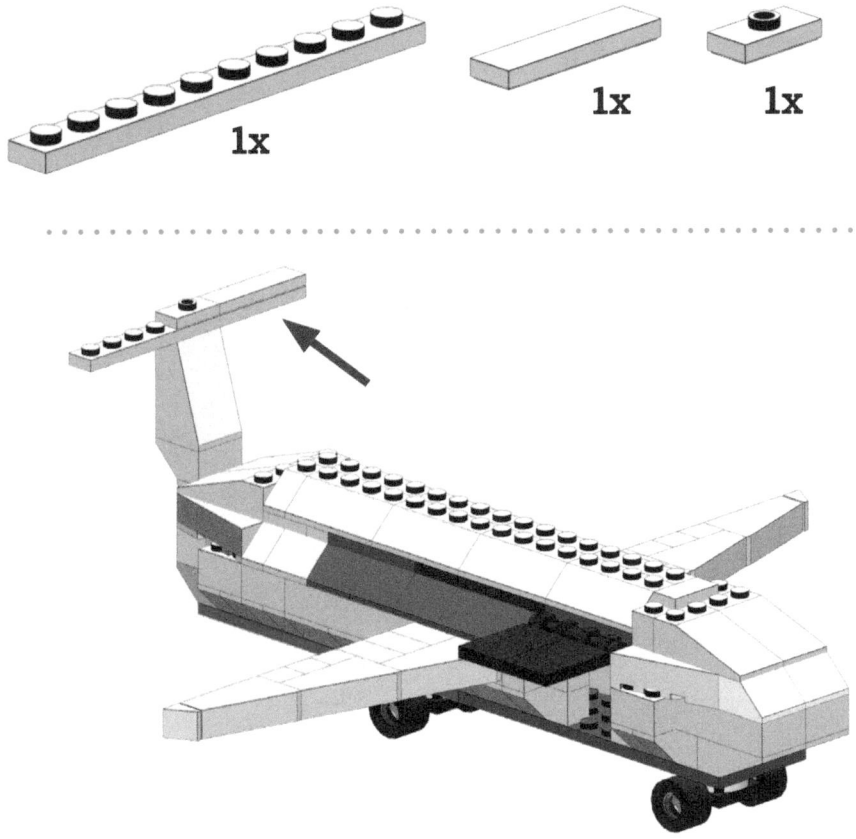

17

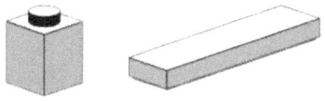

1x 1x

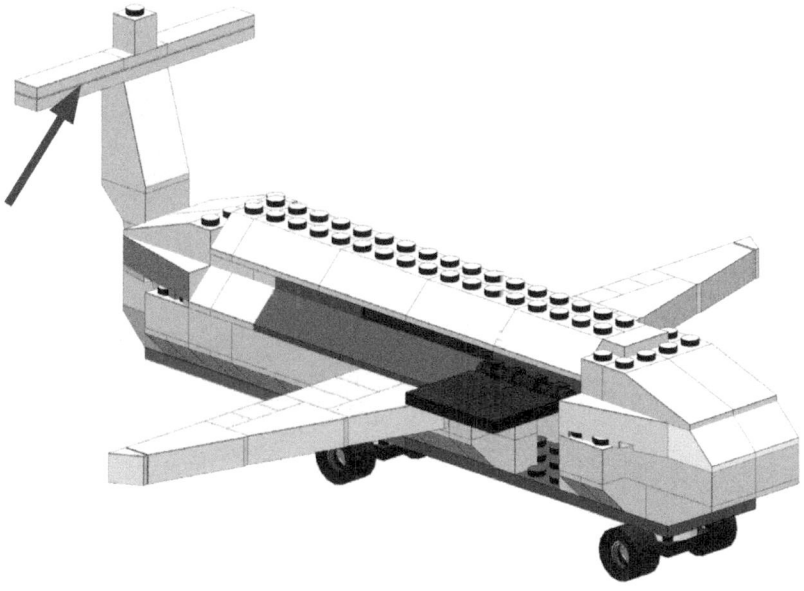

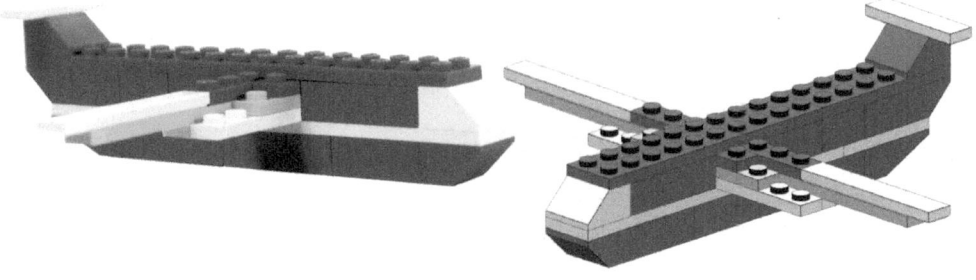

Build a Cargo Jet

2x

1x

1x

2x

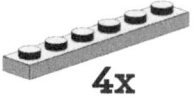

4x

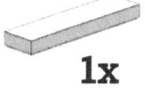

1x

2x

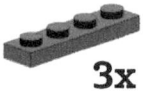

3x

2x

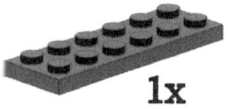

1x

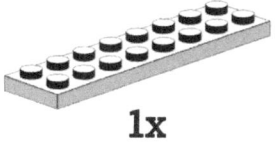

1x

1x

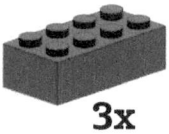

3x

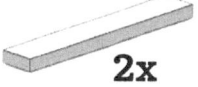

2x

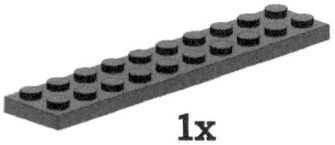

1x

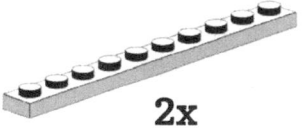

2x

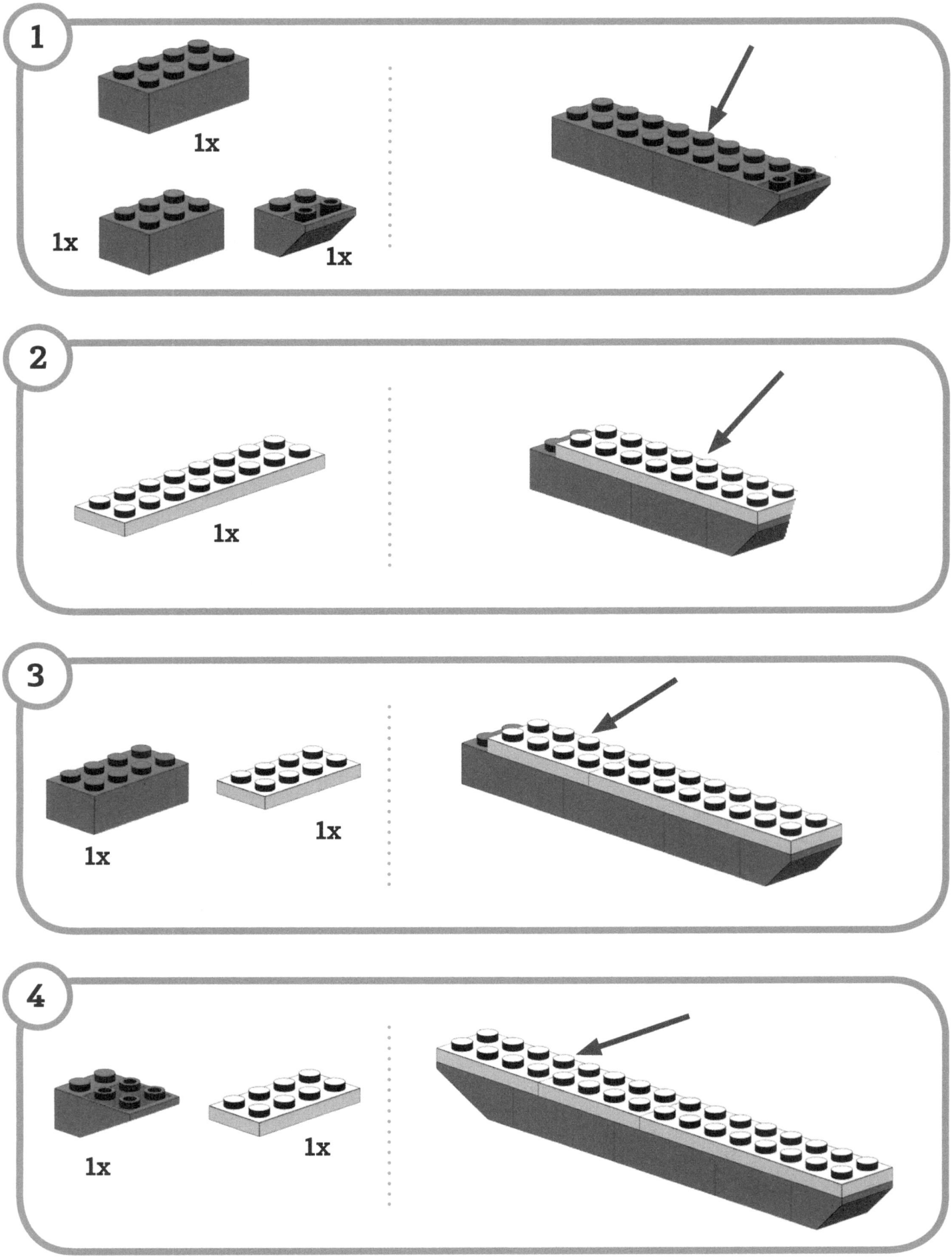
1
1x
1x
1x
2
1x
3
1x
1x
4
1x
1x

5

1x

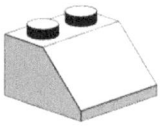

1x

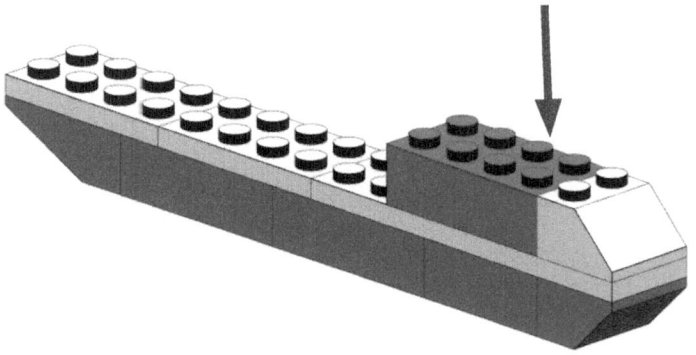

6

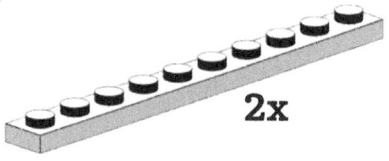

2x

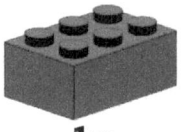

1x

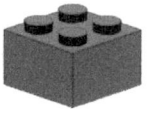

1x

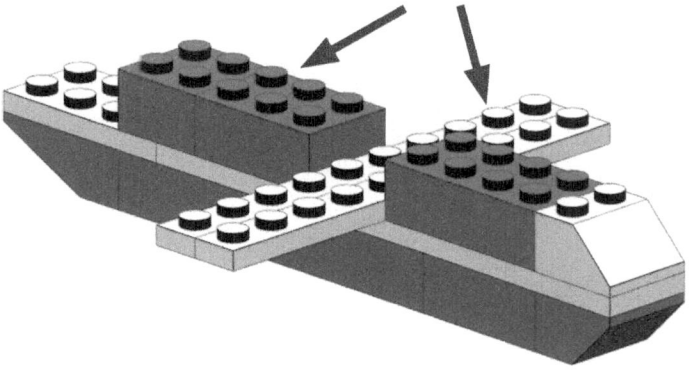

7

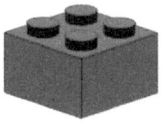

1x

1x

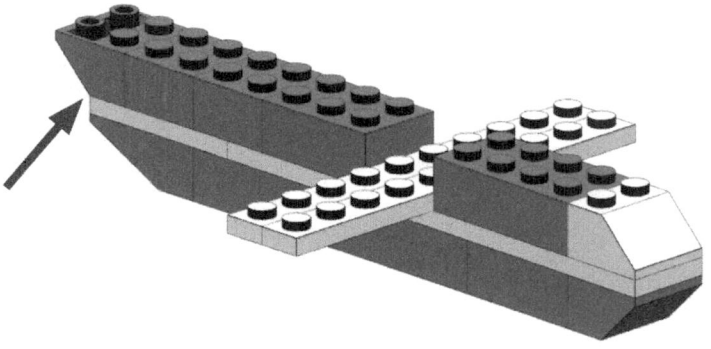

8

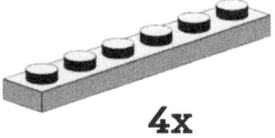

4x

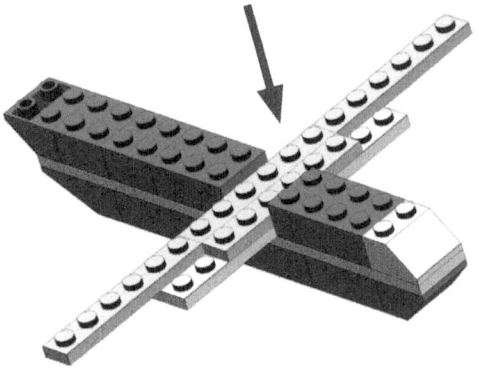

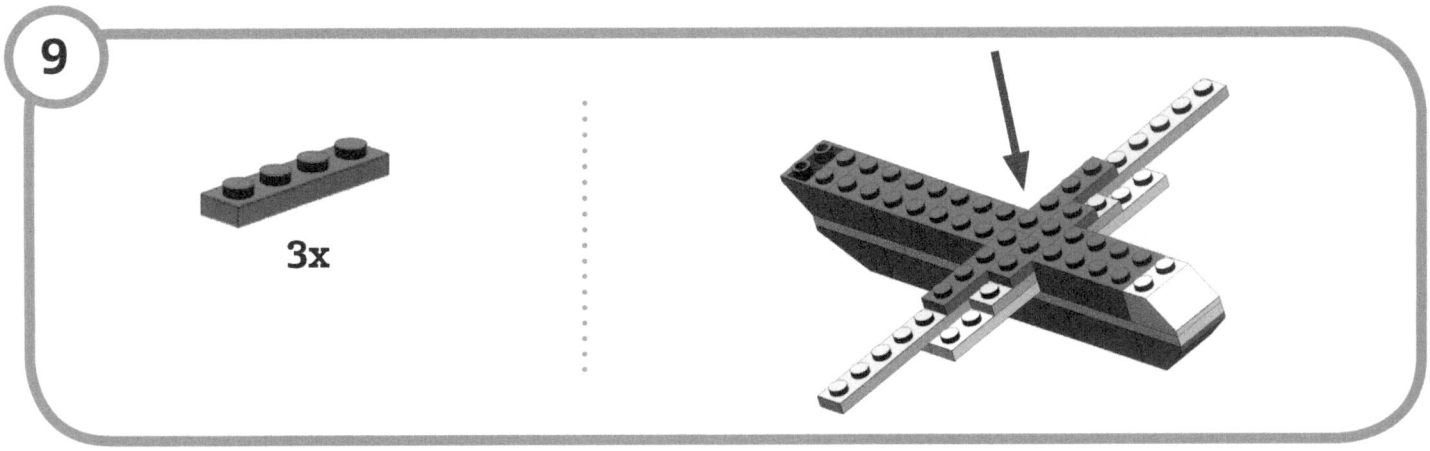
9
3x

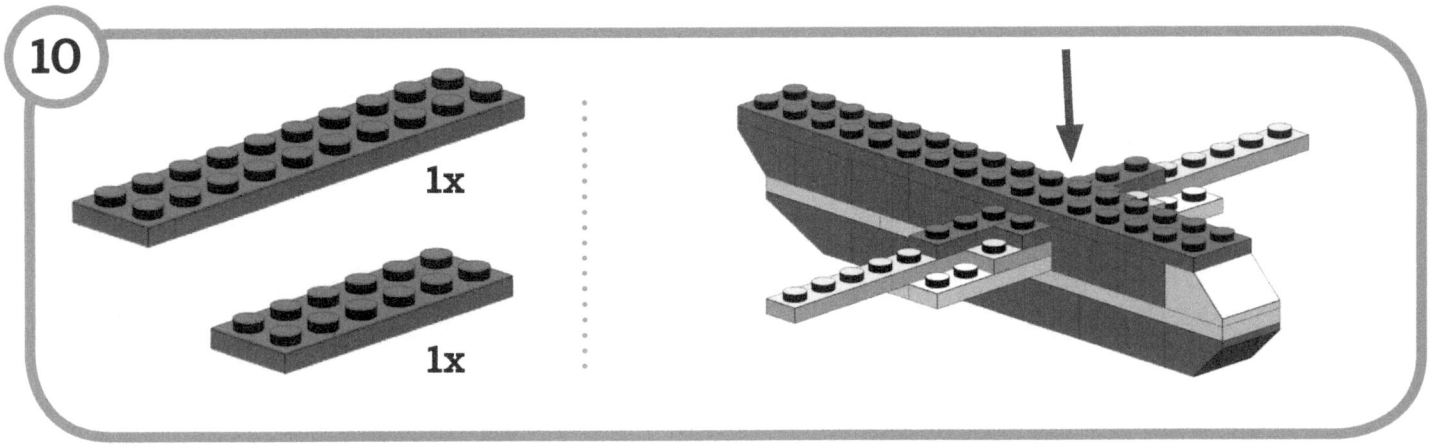
10
1x
1x

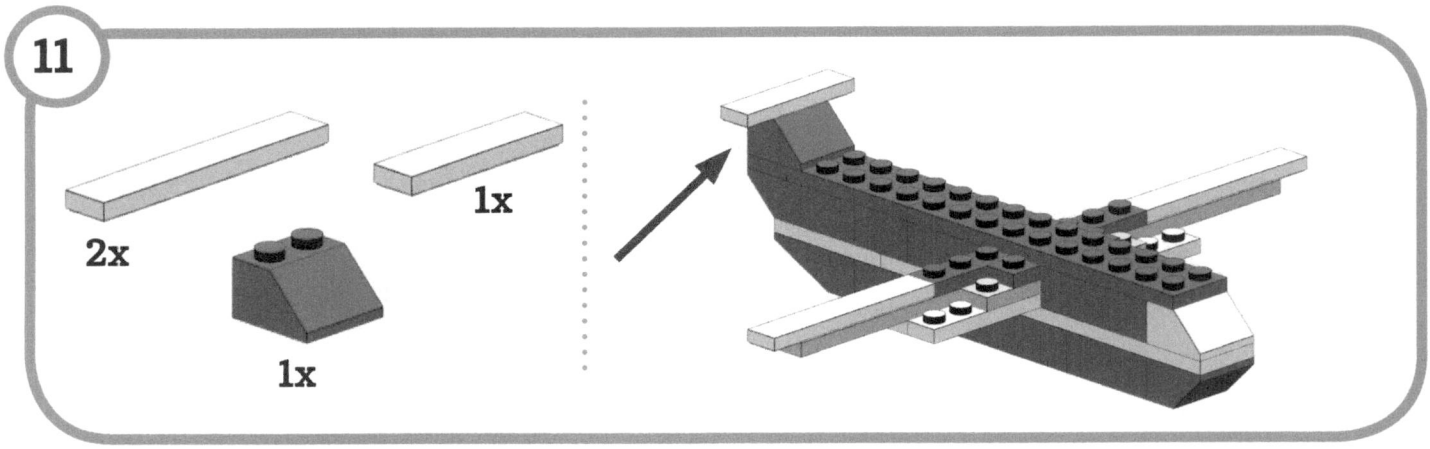
11
2x
1x
1x

© 2017 by Jennifer Kemmeter

All rights reserved. No part of this book may be reproduced or transmitted in any form or by any means, electronic or mechanical, including photocopying, recording, or by any information storage and retrieval system, without written permission of the publisher.

Library of Congress Control Number: 2016918974
International Standard Book Number: 978-1-513260-52-5

Designer: Vicki Knapton

Graphic Arts Books
An imprint of

P.O. Box 56118
Portland, OR 97238-6118
(503) 254-5591
www.graphicartsbooks.com

The following artists hold copyright to their images as indicated: Front cover (middle right): KID_A/Shutterstock.com; Plane-a-palooza on pages 1, 6-7: Zubada/Shutterstock.com; Ready for Liftoff on front cover (bottom left), pages 32-33, back cover: Denis Cristo/Shutterstock.com; Jumbo Jets on pages 66-67: Zubada/Shutterstock.com.

LEGO® is a registered trademark of the LEGO Group which does not sponsor, endorse, or authorize this book. Disclaimer Notice: Graphic Arts Books makes no warranty, express or implied, nor assumes any legal liability or responsibility for the accuracy, correctness, completeness, or use of the parts list associated with a LEGO® product. LEGO Group may change the parts list of a product without notice, and Graphic Arts Books will not be liable to anyone in respect of any loss, damage, injury, or expense, suffered or incurred as a result of reliance on a Graphic Arts Books reference to a LEGO® product.

The author thanks the LDraw community for the parts database it makes available, which is used for making instructions found in the book. For more information on LDraw, please visit ldraw.org.

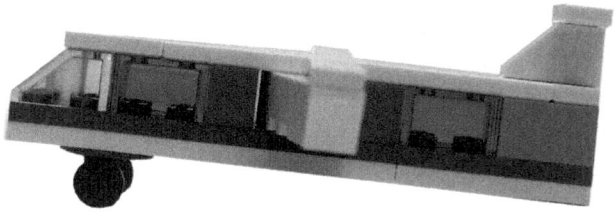

CPSIA information can be obtained
at www.ICGtesting.com
Printed in the USA
LVOW05s1552010517
532855LV00018B/298/P

WITHDRAWAL